KB138683

지중해 연안의 고대 신화들

지중해 연안의 고대 신화들

윤용호 교수의 인문학   - 신화편 -

종문화사

차 례

서론

1

　세계의 고대 문명하면 황하문명, 인더스문명, 메소포타미아문명 그리고 이집트문명을 든다. 이들 중 두 곳 메소포타미아문명과 이집트 문명은 지중해 동남쪽에 자리하고 있다.

고대 문명들의 위치

　지중해 연안에는 서구 문명의 토양이 되는 이집트, 이스라엘, 그리스(헬라스), 로마가 있다. 이들 나라에는 그들 나름의 독특한 천지창조와 인간 탄생의 신화가 전해오고 있다. 오시리스와 이시스를 다루고 있는 이집트 신화, 천지와 인간 창조 및 아담과 이브의 에덴동산 추방을 이야기하고 있는 이스라엘의 창세기 신화, 제우스 등 12신(神)의 탄생을 이야기하고 있는 그리스 신화 그리고 아이네이아스 신화와 로물루스의 로마건국을 다루고 있는 로마 신화다.

우리나라에도 단군 신화가 있다. 단군은 우리나라 최초의 국가인 고조선을 세운 왕이다. 건국 연대는 기원전 2333년이다. 이 신화는 고려 충렬 왕 때 일연(1206~1289)이라는 스님이 편찬한 『삼국유사』(三國遺事)에 기록되어 전해 내려오고 있다. 하느님의 아들인 환웅이 지상으로 내려와 곰에서 사람으로 변신한 웅녀라는 여인과 결혼하여 단군을 낳았다는 신화다. 하늘과 땅의 신비스러운 만남을 뜻하는 환웅과 웅녀의 결합을 통해 단군이 태어났다는 우리의 신화와 유사하게 지중해 연안의 4개국 신화도 같은 형식을 지니고 있다.

이집트 신화에서 대지의 신 게브와 하늘의 여신 누트 사이에서 태어난 오시리스와 이시스의 이야기, 이스라엘 신화에서 하느님이 만든 아담과 이브 사이에서 태어난 카인 아벨 그리고 셋 이야기, 그리스(헬라스) 신화에서 대지의 여신인 가이아와 하늘의 신 우라노스가 결합하여 처음에는 브리아레오스, 귀에스, 콧토스를, 다음에는 아르게스, 스테로페스, 브론테스를 그리고 마지막에는 티탄 신족이라고 부르는 12명의 자녀를 낳았다는 이야기는 우리의 단군 신화와 몹시도 유사하다. 단지 이름과 자녀수만 다를 뿐이다. 이들 세 나라의 뒤를 이어 가장 늦게 건국된 로마는 그리스의 신들을 이름만 라틴어로 바꾸어 받아들인다. 로마 신화는 그리스 신화를 본떠 이루어진 것이다. 그래서 『로마 신화』라 하지 않고 『그리스 로마 신화』라고 부른다. 트로이의 영웅 아이네이아스가 이탈리아 땅에 와서 로마 건국의 시조가 된다는 이야기는 그리스와 로마의 신화적 융합이기 때문이다.

2

고대에 만들어진 이들 신화는 그들 나라를 벗어나 다른 나라의 예술가들에 의해 근 현대까지 꾸준하게 생명력을 이어 오고 있다.

오스트리아의 음악가 볼프강 아마데우스 모차르트(Wolfgang Amadeus Mozart, 1756~1791)가 작곡한 2막 오페라 『마술피리』(Die Zauberflöte)를 보면 이집트 신 오시리스와 이시스의 신전을 배경으로 하고 있다. 모차르트는 하이든, 베토벤과 함께 18세기 비인 고전파 음악가이다. 그는 『마술피리』를 엠마누엘 쉬카네더(Emanuel Schikaneder, 1751~1812)의 대본을 가지고 1791년에 작곡했다. 쉬카네더는 연극 배우이자 극장장으로 텍스트 구성도 하는 모차르트의 친구였다. 밤을 대변하는 밤의 여왕과 낮을 대변하는 제사장 사라스트로 사이에서 왕자 타미노와 여왕의 딸 파미나가 어려운 시련을 극복하고 마침내 부부가 되는 과정을 그리고 있다. 사라스트로를 죽이라는 여왕의 분부를 거부하고 사라스트로의 지도에 따라 성자가 되기 위한 시험을 치른다. 이때 성자란 기독교에서 말하는 거룩한 신도나 순교자를 일컫는 말이 아니라, 편견에서 벗어나 인간의 올바른 도리를 깨달은 사람을 말한다. 이들이 치르는 시험은 고대 이집트의 신 이시스와 오시리스 숭배 의식을 기본으로 하고 있다. 사라스트로는 이시스와 오시리스 신전의 제사장이다. 그는 타미노에게 왕자라는 신분보다는 인간임을 깨닫는 것이 무

엇보다 중요함을 강조하고 있다.[1]

영화 '아마데우스'에서 모차르트가 『마술피리』를 공연하는 장면. 구름 위에 지팡이를 들고 서 있는 여인이
밤의 여왕

『마술피리』의 끝 장면은 시련을 극복하고 인간의 올바른 도리를 깨
닫는 두 주인공을 축복하는 사제들의 합창으로 끝나고 있다.

"그대 성자들 만세. 그대들은 어둠을 지났노라. 이시스, 언제나 감
사드리오! 오시리스, 언제나 감사드리오! 힘든 승리하고 영광의 관을
쓴 지혜와 아름다움이여, 영원하리라!"

모차르트와 쉬카네더는 이 줄거리 속에 당시 자신들이 가입하고 있
던 프라이마우러(영. 프리메이슨)란 비밀결사의 이상을 그려 넣고 있다.
이 단체는 영국 런던에서 1717년에 결성되어[2] 전 유럽에 영향을 미치

---

1) 윤용호 : 오페라 『마술피리』 - 모차르트와 괴테의 만남. 카프카 연구 제 12집, 2004, 211쪽.
2) 한국세계대백과사전. 29. 서울(동서문화) 1995, 17093쪽

고 있었다. 신앙이 두터운 석공(石工)의 길드(Guild)를 모체로 해서 인간의 자유와 평등 그리고 박애를 목표로 내걸고 있었다. 길드란 11세기 이후 유럽의 각 도시에서 발달한 상공업자의 동업조합이다. 그리고 석공은 이집트의 피라미드 건축에 그 기원을 두고 있다. 프라이마우러의 구호는 1789년 프랑스 대혁명에서 혁명이념으로 널리 퍼져 나갔다. 자유, 평등, 박애라는 인본주의 사상과 관용을 최고의 가치로 여기는 프라이마우러 정신이 정치에 커다란 영향을 끼쳤던 것이다. 『마술피리』에 등장하는 현명한 제사장 사라스트로의 신전은 바로 이 프라이마우러의 세계를 구현하는 곳이다. 당시의 문인, 귀족, 사상가들에게는 이곳의 출입여부가 18세기 유럽사회에서 명예와 관련되어질 만큼 사교계의 중심점으로 부상했다.

3

이스라엘에는 신화와 함께 역사가 구약성서에 정리되어 전해오고 있다. 성서는 종교서적으로 이스라엘을 넘어 인류역사상 가장 많은 사람들에게 영향을 미친 책이다. 이 책의 기록들은 유명 무명의 여러 저자들이 "모세로부터 아르타크세르크세스(Artaxerxes, 재위 BC 465~424) 왕 때까지 기록한 책들이다."[3] 모세는 고대 이집트 왕 람세스 2세(재위 BC 1279~BC 1213) 시대인 기원전 13세기경 이스라엘의 종교 지도자이자 민족 영웅으로 추정되는 인물이다. 아르타크세르크세스는 키루스(재위 BC 559~529) 대왕이 창건한 페르시아제국의 5대째 왕이다. 키루스 대왕은 구약성서의 이사야서 제45장과 에스라서 제1장에 고레스란 명칭으로 기록되어 있는 왕이다. 신바빌로니아를 점령해서 포로로 끌려온 유대인들을 다시 고향으로 돌아가게 하는 등 많은 선정을 베풀어서 성서에는 그를 칭송하는 여러 구절들을 볼 수 있다. 아르타크세르크세스 왕은 그의 후예인 것이다. 그러니까 성서는 기원전 13세기 모세로부터 기원전 5세기 페르시아 아르타크세르크세스 왕 때까지 기록된 것이다.

800년이 넘는 긴 기간 여러 저자들에 의해 기록되어 전해오던 책들이 "기원 후 90년경 이스라엘의 해안도시 얌니아에서 유대 랍비들과

---

3) 박창환 : 성경의 형성사. 대한기독교서회 2011(개정 13쇄) 23쪽.

학자들의 권위 있는 회의가 열렸고, 그 회의에서 구약성서의 책들이 최종적으로 낙착되어 그 수가 오늘날 우리의 구약성서의 그것과 똑같은 것으로 결정되었다."[4] 기원 후 90년경 해안도시 얌니아하면 역사에서 이스라엘의 마지막 순간을 가리키고 있다.

왼쪽부터 차례대로 신바빌로니아의 느부갓네살 2세, 페르시아의 키루스 2세 그리고 마케도니아의 알렉산더 대왕이다. 신바빌로니아는 느부갓네살 사후 불과 20여 년 만에 페르시아에 의해 멸망당한다.
키루스 2세가 제국의 반열에 올렸던 페르시아 역시 200여 년 후 알렉산더 대왕에 의해 정복 당한다.

이스라엘은 기원전 10세기에 솔로몬이 죽자 왕국은 북쪽의 이스라엘 왕국과 남쪽의 유대 왕국으로 분열된다. 이스라엘 왕국은 기원전 8세기경에 아시리아에게, 유대 왕국은 기원전 6세기경에 신바빌로니아에게 멸망을 당한다. 그러나 곧이어 등장한 페르시아에 의해 신바빌로니아가 정복당한다. 기원전 4세기에는 고대 마케도니아의 알렉산드

---

4) 박창환 : 성경의 형성사. 대한기독교서회 2011(개정 13쇄) 57쪽.

로스 대왕이 페르시아제국을 멸망시킨다. 기원전 2세기에 알렉산드로스 대왕의 후임자로 메소포타미아와 시리아를 다스리던 셀레우코스 왕조의 안티오코스 4세가 그리스 문화와 제우스 숭배를 강요하고 유대교를 탄압하자 유대인은 하스만 왕조를 탄생시키고 독립전쟁을 일으킨다.

이후 100년간을 셀레우코스 왕조와 대결하면서 유대의 독립을 지켜오다가 두 왕조는 모두 로마에게 정복을 당한다. 이후 이스라엘은 로마의 지배를 벗어나기 위하여 독립정권을 형성하고 꾸준하게 저항하였으나 서기 70년 로마의 티투스 장군에 의해 잔인하게 진압된다. 이때부터 이들은 이스라엘 땅에서 추방되어 망국의 한을 품은 채 1800년 넘게 전 세계에 흩어져 살게 된다. 이들을 디아스포라(diaspora), 즉 떠돌이 유대인이라고 부른다. 이들의 유랑생활은 1948년 영국의 위임통치가 끝나고 유대 국가건국위원회 의장 벤 구리온이 텔아비브에서 이스라엘 건국을 선언하면서 끝난다. 한편 티투스 장군과의 대결에서 이스라엘군의 패배를 예견한 랍비 요하나 벤 자카이를 중심으로 한 온건파는 강경파들을 피해 장군 티투스와 협상하여 얌니아란 도시에서 유대교의 복원을 약속받는다. AD 90년경 유대 랍비들이 얌니아에 모여 구약성서의 경전들을 최종적으로 결정한다. 이집트는 타민족이 점령했어도 국가 명칭은 그대로 존속되고 있었지만, 이스라엘은 로마의 무자비한 진압 정책으로 오로지 성서만 들고 나라에서 쫓겨나 결국 국가를 잃고 만다. 이스라엘은 이미 BC 6세기 바벨론 포로

시기에, BC 2세기 셀레우코스 왕조와 대결하면서 민족과 종교의 정체성을 잃을 뻔한 위기를 겪는다. 그러다가 마침내 AD 70년경 로마에게 추방을 당한 것이다.

현존하는 가장 오래된 개선문인 티투스 개선문 위에 새겨진 예루살렘 함락의 장면. 유대교 제식에 사용되는 7갈래의 촛대인 메노라(Menorah)를 로마 병정들이 약탈해가는 모습.

성서에 의하면 이스라엘은 국가 성립부터 험난한 과정을 겪는다. 이집트에 들어가 살던 이스라엘인들이 이집트의 노예가 되어 고통을 당하자, 고난 속에서 해방되기를 고대한다. 이때 모세가 나타나 동족을 이끌고 이집트군의 추격을 벗어나 신이 약속한 가나안 땅을 향해 갔으나 목적지에 도달하지 못하고 사망한다. 뒤를 이어 후계자인 여호수아 지도로 이스라엘 민족은 가나안 민족을 정복하고 그 땅을 차지한다. 역사서(歷史書) 판관기(判官記)는 여호수아 이후부터 왕이 세워지기 이전까지 이스라엘의 지도자로 활동하였던 12명의 판관들에 관하여 이야기하고 있다. 판관은 밖으로는 외적의 침입에 대항하여 싸우는 전사의 역할을, 안으로는 백성들의 잘잘못을 가리는 재판관의 역할을 담당했다. 이들에게서 우리는 고대 이스라엘인들이 자기 나라를 지켜내기 위하여 노력하는 눈물겨운 모습을 볼 수 있다. 그 중 하나로 판관기 11장 28절에서 12장 40절까지 판관 입다와 그의 외동딸 이야기가 있다.

암몬군과 이스라엘군이 영토문제로 전쟁을 하기 위해 진을 치고 있었다. 그때 이스라엘 백성들의 족장들은 누구든지 나가서 암몬군과 싸우면, 그 사람을 백성들의 통치자로 삼자고 의견을 모았다. 마침 길르앗 사람 가운데 입다라는 굉장한 장사가 있었다. 입다는 창녀의 몸에서 얻은 아들이었다. 본처에게서 난 아들들이 그를 바깥 여자에게서 난 놈이라 아버지의 상속을 받을 자격이 없다고 하면서 그를 쫓아내었다. 그래서 입다는 자기 형제들을 떠나 비적 떼의 두목이 되어 있었다. 암몬군이 이스라엘을 공격해 오자, 길르앗 원로들은 입다가 있는 돕 지방으로 가서 그에게 장군으로 와주길 청했다. 형제들한테 쫓겨난 서운한 감정 때문에 당연히 거절을 했지만 "우리하고 같이 가서 암몬군을 물리쳐만 준다면 우리 길르앗 사람들은 그대를 수령으로 모시겠소" 하고 원로들이 다짐하자, 그들을 따라 나섰다. 백성들은 그를 수령이자 사령관으로 받들어 모시게 되었다.

전선에 가서 입다는 야훼께 다음과 같이 약속했다. "만일 하느님께서 저 암몬군을 제 마음대로 할 수 있는 권리를 주신다면, 암몬군을 쳐부수고 돌아올 때 제 집 문에서 저를 맞으러 처음 나오는 사람을 야훼께 바쳐 올리겠습니다." 그러고 나서 입다는 암몬 진지로 쳐들어 갔다. 야훼께서 그들을 그의 손에 붙여 주셨으므로 아로엘에서 민낫 어귀에 이르기까지 스무 성읍을 쳐부수었다. 또 아벨그라밍까지 진격하며 마구 짓부수었다. 이리하여 암몬군은 이스라엘군에게 꺾이고 말았다.

입다가 집으로 돌아오는데, 작은 북을 들고 춤을 추며 집에서 나와 그를 맞은 것은 그의 외동딸이었다. 입다는 자기 딸이 나오는 것을 보고 옷을 찢으며 외쳤다. "아이고, 이 자식아, 네가 내 가슴에 칼을 꽂는구나. 내가 입을 열어 야훼께 한 말이 있는데, 천하없어도 그 말은 돌이킬 수 없는데 이를 어쩐단 말이냐!" 그러자 딸이 아뢰었다. "아버지, 아버지께서 저를 두고 야훼께 하신 말씀이 있으시다면 그대로 하십시오. 야훼께서 아버지의 적수인 암몬 사람들에게 복수해 주셨는데, 저야 아무러면 어떻습니까?" 그리고서 딸은 한 가지만 허락해 달라고 하며 아버지에게 청을 드렸다. "두 달만 저에게 말미를 주십시오. 그러면 벗들과 함께 산으로 들어가 돌아다니며 처녀로 죽는 몸, 실컷 울어 한이나 풀겠습니다." 입다는 두 달 말미를 주어 딸을 떠나보냈다. 두 달 동안 딸은 벗들과 함께 산에 들어가 처녀로 죽는 것을 서글퍼하며 실컷 울었다. 두 달이 지나 아버지에게 돌아오자 아버지는 딸을 하느님께 약속한대로 하였다. 그 딸은 남자를 안 일이 없었다. 이로부터 이스라엘엔 한 가지 관습이 생겼다. 길르앗 사람 입다의 딸을 생각하고 이스라엘 처녀들은 해마다 집을 떠나 나흘 동안을 소리 내어 슬프게 울었다고 한다.

　나라를 지켜내기 위한 이러한 노력들에도 불구하고 앞에서 보았듯이 1800년 넘게 자신의 국가에서 쫓겨나 세계를 유랑하는 민족이 된다.

「**입다의 귀환**」(1700~1725) - 지오반니 안토니오 펠레리니(이탈리아).

4

모차르트의 오페라 『마술피리』에서 이집트의 고대 신 오시리스와 이시스를 보았듯이, 모차르트와 같은 시대를 산 독일의 괴테(Johann Wolfgang von Goethe, 1749~1832)가 쓴 비극 『파우스트』에서는 고대 그리스의 신화적 인물 헬레네와 파리스를 볼 수 있다.

『파우스트』는 1, 2부가 있는데, 1부는 1808년에 출판이 되었고, 2부는 생의 마지막 해인 1832년에 출판되었다. 그러니까 괴테가 파우스트에 열중했던 시간은 대학시절인 20세부터 구상을 해서 25세(1774년)에 작성했던 『초고 파우스트』를 시작으로 『파우스트』 1부와 2부의 완성에 이르기까지 무려 60년의 세월이 걸린 셈이다. 독일문학에서 고금을 통해 가장 뛰어난 작가로 인정을 받는 괴테가 도중에 쉬는 기간도 있었지만 거의 평생을 바쳐 집필에 열중했던 작품이다. 그러나 주인공 파우스트는 괴테의 독창적인 인물이 아니라 15~16세기경에 실재하였다는 연금술사의 이름이다. 여기에 다른 여러 마술사들의 이야기가 혼입되어서 16~17세기에는 파우스트 전설이 되어 독일 각지에 널리 유포되었다.

파우스트 전설이 『요한 파우스트의 이야기』란 제목을 달고 최초로 책이 되어 나온 것은 1587년이다. 저자는 프랑크푸르트의 출판업자 요한 슈피스(Johann Spies)였다. 괴테 역시 프랑크푸르트 태생이다. 1년 뒤인 1588년에는 영국의 극작가 크리스토퍼 말로우(Christopher Marlow)가

『파우스투스박사의 비극적 이야기』(Tragical History of Doctor Faustus)란 제목으로 최초의 파우스트 비극을 출판했다. 이 작품이 영국의 순회극단에 의해 독일로 역수입되어 민중극 또는 인형극으로 상연되었다.[5] 전설의 주인공 파우스트는 전통적인 기독교의 속박에서 벗어나려는 순수한 독일인의 상징으로 그려진다. 그는 모든 학문과 재주를 획득했으나 만족치 못하고 우주의 신비와 최고의 향락 및 부귀를 맛보고자 악마에게 몸을 팔고 그 대가로 24년 후에는 그의 영혼을 악마의 마음대로 가저가도 좋다는 계약을 맺는다.

괴테는 이 전설의 파우스트를 인간의 보편적인 상징으로, 또 자신의 이상적인 형상으로 그리고 있다. 1부에서 악마 메피스토펠레스가 인간을 유혹할 수 있다고 하자, 신은 "노력하는 인간은 방황하기 마련이다"(317줄) 또 "선한 인간은 어두운 충동 속에서도 바른 길을 알고 있는 법이다"(328줄)라고 인간에 대한 믿음을 확신하고 있다. 2부에서 파우스트도 자기 생이 이제 끝나도 좋다는 결심을 하고 지혜의 결론을 "자유도 생명도 날마다 싸워서 얻는 자만이 그것을 누릴 자격이 있는 것이다"(11574-5줄)라고 말하면서 노력하는 인간에 대한 신의 믿음에 화답하고 있다. 1부, 2부에는 모두 비극이라는 부제가 붙어 있지만, 주인공은 삶의 여러 과정을 거쳐 결국은 사랑의 힘에 의해 구원을 받는 승리자로 귀결되고 있다.

---

5) 박찬기 : 독일문학사. 일지사 1992. 185쪽.

헬레네는 파우스트 2부에 등장한다. 2부는 5막으로 되어 있는데 그 중 헬레네는 1막에서 3막까지 다루어지고 있다. 그 비중이 결코 적지 않음을 알 수 있다. 유럽에서 가장 먼저 문화를 꽃피웠던 나라 그리스(헬라스), 그곳에서 나온 최초의 작품이 BC 8세기경에 호메로스가 지은 것으로 알려진 『일리아스』와 『오디세이아』다. 『일리아스』는 BC 13세기경의 그리스와 트로이(오늘날 터키의 도시) 전쟁을 다루고 있다. 그리스와 트로이는 에게 해(海)를 사이에 두고 있는 나라다. 그리스에서는 토로이를 일리오스라고 불렀다. 호메로스가 지은 장편 서사시 『일리아스』는 '일리오스의 이야기'라는 뜻이다.[6] 『오디세이아』는 '오디세우스의 노래'라는 뜻으로 오디세우스는 트로이 전쟁에서 목마를 고안해 그리스 군을 승리로 이끌었던 장군이다. 그가 전쟁을 마치고 아내 페넬로페와 아들 텔레마코스가 기다리는 이타케 왕국으로 돌아가는데, 귀향하기까지 10년간의 극적인 시련과 모험을 이야기하고 있다.

이 두 작품은 그후 유럽의 수많은 작가들에게 영향을 끼치게 된다. 괴테의 『파우스트』 2부도 그 중 하나다. 고대 그리스와 신화의 세계는 유럽인에게 태초의 생명이 숨 쉬는 "어머니들의 나라"요 동경의 대상이기 때문이다.[7]

트로이 전쟁의 직접적인 원인이 되었던 헬레네는 그리스 신화에서

---

6) 네이버 지식백과 일리아스 [Ilias] 두산백과. 트로이는 오늘날 터키에 속한 도시다. 그리고 『일리아드』는 영어식 표기이다.

7) 파우스트 2부 1막 6215행-6305행. 파우스트는 헬레네의 환영을 찾기 위해 메피스토펠레스가 일러준 대로 열쇠를 받아서 시공을 초월한 '어머니들의 나라'로 들어간다.

어떤 여인인가? 스파르타의 왕 틴다레오스와 아내 레다 사이에 2명의 딸 클리타임네스트라와 헬레네가 있었다. 헬레네는 제우스신이 부인 헤라 여신의 눈을 피해 백조로 변신해서 레다를 유혹하여 낳은 딸이다. 그녀는 사람에게서 태어난 가장 아름다운 여인으로 반신반인의 존재라 할 수 있다. 시집갈 나이가 되자 수많은 왕과 제후들로부터 구혼을 받는다. 양아버지인 틴다레우스 왕은 많은 구혼자들 가운데 한 명을 선택했을 경우, 선택받지 못한 나머지 구혼자들이 분노하여 전쟁을 일으킬 것을 두려워하였다. 그래서 헬레네가 누구를 택하더라도 나머지 구혼자들은 이에 승복할 것과 선택받은 자의 명예를 목숨 걸고 지키겠다는 맹세를 하도록 했다. 이런 과정을 거쳐 헬레네는 수많은 구혼자들 가운데 미케네의 왕자 메넬라오스를 선택해 그의 아내가 되었고 나머지 구혼자들은 그 맹세에 묶이게 되었다. 그리고 훗날 그들의 맹세는 트로이 전쟁이 그리스 전역으로 확대되는 빌미가 되었다.

헬레네는 메넬라오스와 결혼한 뒤 딸 헤르미오네를 낳고 한동안 행복하게 살았다. 하지만 남편이 잠시 궁을 비운 사이 스파르타를 찾아온 트로이의 왕자 파리스를 만나 사랑에 빠진다. 헬레네가 파리스의 유혹에 넘어간 이유에 대해서는 여러 이야기들이 전해오는데 그 가운데서 '파리스의 심판'이 널리 알려져 있다.

트로이왕 프리암의 왕비 헤큐바의 꿈에 장차 아들이 생기는데, 그 아들이 아버지의 나라를 파멸시킬 것이라는 경고를 받는다. 이 이상

한 예언을 막기 위하여 부모는 아들이 태어나자마자 트로이 남동쪽에 있는 이다 산(山) 근처에 버려 죽게 하였다. 그런데 마침 양치는 사람이 지나가다 그 아이를 집으로 데리고 가서, 이름을 파리스라 짓고, 자기 가족과 똑같이 키웠다. 파리스는 아름답고 총명하고 강하게 성장하여 이다 산의 가장 높은 봉우리에 있는 가르너스 산의 목동이 되었다.

어느 날 테살리아의 왕 펠레우스와 바다의 요정이며 제우스가 특별히 사랑했던 데티스의 결혼을 축하하기 위하여 남신과 여신들이 이다 산에 모였다. 이 결혼으로 훗날 아킬레우스가 태어나게 된다. 이 결혼식에 공교롭게도 불화의 여신인 에리스가 손님으로 초청되지 못했다. 자기를 멸시한 것에 몹시 분노한 에리스는 초청받지 못한 잔치 집에 가서 "가장 아름다운 여신에게"라고 쓰인 황금 사과를 테이블 위에 던져 놓았다. 세 여신, 즉 신들의 여왕인 헤라, 지혜의 여신 아테나, 미의 여신 아프로디테는 그 사과를 요구했다. 난감해진 제우스는 파리스에게 심판을 맡겼다. 이에 전령의 신 헤르메스는 황금사과와 함께 세 여신을 파리스에게 데리고 가서 제우스의 명령을 전한다.

여신들은 파리스에게 여러 가지 뇌물을 내놓았다. 헤라는 권력을, 아테나는 전쟁에서 영광과 성공을, 아프로디테는 세상에서 가장 아름다운 여인을 그의 아내로 주겠다고 약속했다. 파리스는 '세상에서 가장 아름다운 여인과 결혼시켜 주겠다'고 약속한 아프로디테를 택해 사과를 주었다. 이로 말미암아 파리스는 다른 두 여신의 영원한 증오를 받게 되었다.

「파리스의 심판」(1639) - 루벤스(독일). 세 명의 여신들은 왼쪽부터 아테나, 아프로디테 그리고 헤라.

파리스는 아프로디테에 인도되어 에게 해(海)를 건너 스파르타로 갔
다. 그곳에서 그는 세계에서 가장 아름다운 여인, 그러나 이미 스파르
타 왕 미넬라우스의 왕비가 된 헬레네를 만난다. 마음 내키지 않아 하
는 헬레네를 유괴, 납치하여 트로이 왕궁으로 돌아오자 파리스는 자
신의 상속권을 주장한다. 가족들은 파리스의 행동에 대해 슬퍼했지만,
당장에는 그리스의 원한 품은 원정군에 대항하지 않으면 안되어 그를
편들지 않을 수 없게 된다.

스파르타 왕 메넬라우스는 목숨을 걸고 명예를 지키겠다고 맹세한
다른 왕들에게 자신의 불명예를 하소연하고 도움을 청한다. 이에 즉
각 원정군이 편성되고, 미케네 왕 아가멤논을 총사령관으로 수천의

배가 트로이를 향해 출항을 준비한다. 아가멤논은 메넬라우스의 형이고, 아가멤논의 왕비 클리타임네스트라는 헬레네의 언니다.

그리스 함대는 뵈오티아에 있는 아울리스 항구에 집결한다. 물때를 기다리던 아가멤논 왕이 사냥을 하다가 달의 여신 알테미스의 신성한 사슴을 죽이게 되자, 갑자기 세찬 바람이 불어 원정의 길이 막힌다. 예언자를 불러 물으니 아가멤논이 맏딸 이피게니아를 알테미스에게 제물로 바쳐야만 바람이 멈출 거라 한다. 아가멤논은 아내 클리템네스트라를 속여 딸을 오디세우스와 결혼 시킨다는 구실로 아울리스 항구로 불러 여신 알테미스에게 제물로 바친다. 이 잔인한 짓 때문에 아내 클리템네스트라는 영영 남편을 용서 못한다.

이후 그리스군과 트로이군 사이에 벌어진 트로이 전쟁은 인간뿐 아니라 신들까지 뒤얽혀 십 년간 계속되었으며, 전쟁은 그리스 연합군에 의해 트로이가 함락되면서 마침내 끝이 난다. 트로이가 함락된 뒤 헬레네의 운명에 대해서는 여러 신화들이 전해진다. 그 중 하나는 아름다운 미모로 전 남편 메넬라오스의 마음을 다시 움직여 함께 스파르타에서 여생을 보내다 죽은 후에는 영원한 낙원 엘리시온(Elysion)으로 갔다는 것이다.

고대 그리스 도자기에 묘사되어 있는 트로이 목마.

고대 그리스 도자기에 묘사되어 있
는 헬레네와 메넬라오스.

5

트로이 전쟁에서 양진영의 수많은 영웅 전사들이 참가하여 운명을 달리 했지만, 일부는 살아남는다. 호메로스보다 800여 년 늦게 로마의 작가 베르길리우스(BC 70~BC 19)는 패전국 트로이의 아이네이아스(Aeneas) 장군 이야기를 『아이네이스』(Aeneis)란 제목으로 남기고 있다. 이 작품은 오늘날 로마의 국가 서사시로 인정을 받는다. 당시는 최초의 로마 황제 아우구스투스(출생 BC 63. 재위 BC 27~AD 14) 시대였으며, 베르길리우스, 호라티우스(BC 65~BC 8), 리비우스(BC 59?~AD 17) 등의 문인들이 활동했던 로마 문학의 황금시기였다. 이처럼 로마의 신화는 그리스 신화에서 성장한 것이다. 베르길리우스는 『아이네이스』의 미완성 시행(詩行)을 마지막으로 손질하기 위해 생의 마지막 해인 BC 19년 그리스와 소아시아(트로이) 답사 길에 올랐으나, 그리스의 메가라 근처에서 열병에 걸려 이탈리아 브룬디시움으로 건너와 그곳에서 숨을 거두었다. 친구인 바리우스(Lucius Varius Rufus)에게 만약 자신이 귀국하기 전에 죽게 되면 『아이네이스』 원고를 불태워 달라고 당부를 했다고 한다. 하지만 그의 사후 아우구스투스 황제의 명령으로 친구 바리우스와 툭카(Plotius Tucca)가 초고를 정리하여 책으로 간행하면서 이 대작은 불타지 않고 거의 원형 그대로 남아있게 되었다고 한다.[8]

---

8) 베르길리우스 지음, 천병희 옮김 : 아이네이스 서울(도서출판 숲) 2007. 549쪽(옮긴이 해제) 참조.

로마 신화하면 라틴인의 기원신화와 로마의 건국신화를 말한다. 이러한 신화들을 전해주는 여러 기록들이 많지만 여기서 라틴인의 기원신화는 베르길리우스의 『아이네이스』와 오비디우스(BC 43~AD 17)의 『변신 이야기』를, 로마의 건국신화는 그리스의 철학자이자 저술가인 플루타르코스(AD 46~AD 120)의 『플루타르코스 영웅전 전집』을 주로 참조했다.

「부친 안키세스를 안고 트로이에서 도망치는 아이네이아스」(1598) - 페데리코 바로치(이탈리아)

『아이네이스』는 전체가 12장으로 되어있다. 1장에서 6장까지 아이네이아스가 불타는 트로이를 떠나 아프리카 북부 카르타고를 거쳐 이탈리아에 도착하기까지 지중해를 헤매는 것은 호메로스의 『오디세이아』 형식을 따르고, 7장에서 12장까지 아이네이아스가 이탈리아에 도착한 다음 그곳의 토착부족들과 싸워 이긴 뒤 그들과 힘을 합쳐 로마 건국의 기틀을 마련하는 것은 『일리아스』의 형식을 따르고 있다.

아이네이아스는 여신 베누스(아프로디테)와 트로이 왕족인 안키세스 사이에서 태어난 아들이다. 그는 트로이 전쟁에서 그리스 연합군에 대항하여 헥토르 버금가는 용맹을 떨쳤다. 소아시아의 트로이 왕 프리아모스에게는 아들 헥토르와 파리스 그리고 딸 크레우사가 있었는데, 아이네이아스는 크레우사와 결혼하여 아들 아이카니오스를 낳는다. 아이카니오스는 이울루스(Iulus)라고도 불렀다. 베르길리우스는 『아이네이스』에서 로마의 지배자 카이사르(BC 100~BC 44)와 아우구스투스(BC 63~AD 14)가 속한 율리우스가(家)는 옛날 트로이에서 탈출해온 아이네이아스의 아들 이울루스(Iulus)에게서 비롯되었다고 했다. 아이네이아스는 트로이 전쟁에서 그리스 연합군에게 패하고 탈출해서 이탈리아로 간다. 여기서 라티움의 족장 라티누스를 만나 그의 딸 라비니아를 아내로 얻어서 아들 실비우스를 낳는다. 아이네이아스는 트로이 유민과 라티움의 원주민인 라티니 족을 결합시켜 새로운 도시를 건설하고 아내의 이름을 따서 라비니움(Lavinium)이라 불렀다. 아이네이아스가 사망한 후 라비니움은 그의 전처 소생인 아스카니우스에게 돌아갔다. 라비니아의 아들 실비우스가 성인이 되자 아스카니우스는 라비니움을 그에게 넘기고, 그곳을 떠나 알바 산기슭에 로마제국의 모태가 되는 알바 롱가 왕국을 건설했다. 아스카니우스가 죽은 뒤 알바 롱가의 왕위도 실비우스에게 넘어갔다. 그곳에서 자손들은 긴 세월을 다스리다가 16대 왕에 누미토르가 등장한다. 그러나 흑심을 품은 아우 아물리우스가 왕위를 찬탈하고 후환을 우려해 누미토르의 아들들은 다 죽이고 딸 레아 실비아를 자식을 갖지 못하도록 불의 여신 베스타의 여사제로 만들어 버린다. 그러나 레아 실비아는 군신(軍神) 아레스와 결합하여 쌍둥이 형제 로물루스와 레무스를 낳는다. 쌍둥이 형제는 자라서 자신의 신분을 알게 되자 그들을 따르는 무리와 함께 힘을 합쳐 아물리우스를 축출하고 왕권을 다시 누미토르에게 돌려준다. 로물루스는 레무스와 함께 새 나라를 세우는데 장소문제로 의견이 달라 서로 다투다가 로물루스는 레무스를 죽여 버린다. 로물루스는 티베리스 강기슭에 도시를 세우고 자신의 이름을 따 로마라고 불렀다.

6

그러나 서구 문화의 토대가 되는 이들 네 나라의 역사는 그렇게 순탄하지가 않다. 로마제국은 이집트, 이스라엘, 그리스를 정복하고 지배했지만 벌써 오래전에 역사에서 사라져 더 이상 존재하지 않는다. 단지 로마를 수도로 정하고 있는 이탈리아가 로마제국의 흔적을 유지하고 있다. 이집트는 BC 4세기부터 그리스로부터 정복당하기 시작해서 여러 민족에 의해 2,300여 년 지배를 당하다가 1952년 공화국으로 나라를 수립한다. 이스라엘은 1,800년 넘게 자신의 국가에서 쫓겨나 세계를 유랑하다가 1948년 새롭게 나라 건설을 선언한다. 그리스는 BC 146년에 로마에 정복되어 로마의 속주로 오랜 세월을 지내다가 1453년 오스만제국에 점령되어 식민지로 전락했다. 그러다가 유럽 여러 나라의 도움을 얻어 1830년 헬라스(그리스) 공화국으로 정식 국가를 수립한다. 풍성했던 이들 나라의 고대신화를 접하기 전에 파란만장했던 역사를 먼저 간단히 개괄해보자.

I. 이집트

1. 이집트

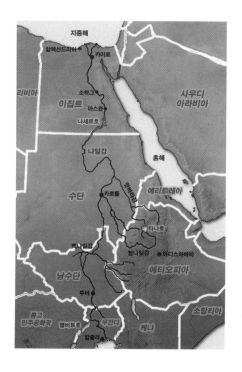

아프리카의 이집트는 나일강 하류의 비옥한 북부와 상류의 메마른 남부로 형성된 나라다. 지중해와 접하고 있는 북부를 하(下) 이집트, 아프리카의 중앙부분과 접하고 있는 남부를 상(上) 이집트로 부른다. 나일강은 아프리카의 남부 탄자니아에서 발원하여 우간다 남(南)수단, 수단, 이집트를 거쳐 지중해로 흘러드는 강이다. BC 3000년경 메네스 왕이 상·하 이집트를 통일하고 최초의 왕조를 세운다. 메네스 왕은 이집트 제1 왕조를 창건한 전설의 인물이다. 이후 이집트에는 30개의 왕조가 이어져왔다. 이들은 피라미드 건설시대로 유명한 고(古) 왕국 시대(BC 2700~BC 2200), 분열된 남북을 재통일하고 오시리스 신화를 숭배했던 중(中) 왕국 시대(BC 2050~BC 1800), 투탕카문과 람세스 대왕 등 위대한 파라오들과 유대인의 성경에서 "출애굽기"로 널리 알려진 신(新) 왕국 시대(BC 1570~BC 1090)로 나누어진다.[1]

자국민의 힘으로 역사를 지켜오던 이집트는 BC 7세기에 메소포타미아 북부에서 일어난 아시리아제국의 침략을 받았고, BC 525년에는 페르시아제국의 침략을 받았으며, BC 332년에는 마케도니아의 알렉산드로스 대왕(재위 BC 336~BC 323)에게 정복당한다. 대왕이 이른 나이에 죽자 후계자 중의 하나인 부하 장수 프톨레마이오스가 BC 323년부터 이집트의 통치자가 된다. BC 305년에 이르러 스스로를 프톨레마이오스 1세 소테르(구원자)라 칭하고 프톨레마이오스 왕조(BC 305~BC 30)를 세운다. 이 왕조의 마지막 여왕은 로마의 안토니우스와 사랑에 빠졌던 클레오파트라(재위 BC 51~BC 30)이다. 그녀는 안토니우스가 그리스의 서해안 악티움 해전에서 옥타비아누스와 로마의 패권을 두고 맞섰을 때, 안토니우스를 도와 참전했으나 패배하고, 둘 다 자살로서 생을 마감한다. BC 30년 그녀의 죽음과 함께 이집트는 로마의 수중으로 들어간다.

---

1) 파라오의 등장(BC 3100년경)에서 알렉산드로스 대왕의 이집트 정복(BC 332년)까지 대략 3000년간을 30 왕조로 나누고 이 30 왕조를 다시 고왕조, 중왕조, 신왕조로 분류하는 것은 기원전 3세기경 이집트 역사가 마네토(Manetho)의『이집트사(史)』(Aegyptiaca)를 참고한 것이다.
   - Yahoo Deutschland : Manetho. Wikipedia.

「악티움 해전」(1672) - 로렌조 카스트로(벨기에). 이 해전을 승리로 이끈 옥타비아누스는 초대 황제로서 아우구스투스(존엄자)라는 칭호를 얻는다.

초기 로마인들은 자신들의 황제숭배사상과 이집트의 파라오숭배사상의 유사점 때문에 종교적 박해는 가하지 않았는데, AD 391년 로마가 그리스도교를 국교로 삼은 이후 이집트의 파라오숭배사상을 우상숭배로 보고 수많은 신전과 동상들을 파괴하고 박해를 가했다. AD 395년 로마가 동서로 분리되었을 때 이집트는 행정적으로 동로마제국(비잔티움제국)의 수도인 콘스탄티노폴리스의 관할 하에 들어갔다. 그후 AD 642년부터 이집트는 아랍의 무슬림 군대의 침략을 받고 로마의 지배를 벗어나, 아랍의 지배를 받게 된다. 종교도 로마의 그리스도교에서 아랍의 이슬람교로 바뀐다. 고대 그리스도교는 콥트교라는 명칭으로 현재에는 소수의 이집트인들만이 믿고 있다. 찬란했던 파라오

문명은 완전히 잊힌 과거가 되어 버렸다. 고대 이집트가 되살아난 것은 1798년 프랑스의 나폴레옹이 이집트를 침략했을 때 우연히 나일 강 하류 로제타 마을에서 부샤르란 프랑스인이 발견한 비석의 상형문자를 1822년 프랑스의 고고학자 샹폴리옹이 풀이하는데 성공했기 때문이다. 수많은 유적들에 새겨져 있는 상형문자들의 해석과 함께 오랜 세월 비밀에 쌓여있던 이집트의 신비가 풀리기 시작한 것이다. 현재 이 로제타석(石)은 영국의 대영박물관에 보존되어 있다.

프랑스에 이어 영국이 점령하면서 이집트는 영국의 식민지가 된다. 1922년 영국으로부터 독립을 쟁취하고 국제연맹(UN)에 가입한다. 1952년 혁명으로 왕정을 폐지하고 이집트 아랍공화국을 건립한다. 이로써 BC 4세기 마케도니아인 알렉산드로스 대왕의 정복 이래 약 2,300년간에 걸친 이민족 지배가 끝난다.

로제타석의 비문은 BC 196년경에 파라오 프톨레마이오스 5세의 즉위를 축하하기 위해 만든 것으로 알려져 있다. 현재의 모습은 높이가 112cm, 너비가 75cm, 두께는 28cm로 기록되어 있다. 프톨레마이오스 왕조는 마케도니아 계였다. 마케도니아는 고대 그리스 왕국의 일부였다. 그래서 로제타석에는 같은 내용이 이집트의 상형 문자, 상형 문자의 필기체라고 할 수 있는 민중 문자 그리고 그리스 문자 세 가지로 기록되어 있다.

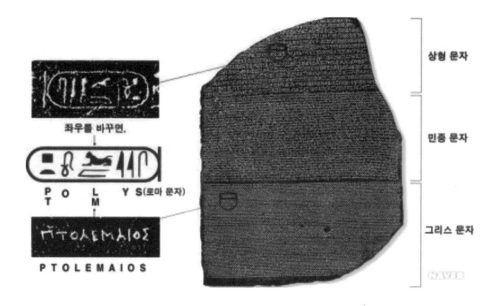

좌우를 바꾸면,

P O L Y S(로마 문자)
T M

PTOLEMAIOS

PTOLEMAIOS

네이버 지식백과 : 로제타석(Rosetta Stone)

2. 이집트 신화 [2]

태초에는 어둡고 쓸쓸한 물의 세계뿐이었다. 위대한 신 「눈」(Nun)은
물의 신이었다. 깊은 바다 속 어두운 곳에는 「눈」의 아들 「라」의 빛나
는 영혼이 누워 있었다. 「라」는 전지전능했다. 「라」는 말했다. "나는
아침에는 떠오르는 해 「케프라」가 되고, 한낮에는 타오르는 해 「라」가
되며, 저녁에는 지는 해 「아툼」이 되겠다." 그러자 「라」는 동쪽에서 떠
올라 하늘을 가로질러 서쪽으로 지는 해가 되었다. 하루가 저무니 이
것이 세상의 첫날이었다.

「라」는 바람을 「슈」로, 비를 「테프누트」로 이름 지었다. 이들은 서
로 사랑해서 둘 사이에 쌍둥이가 태어났다. 대지의 신 「게브」와 하늘
의 여신 「누트」였다. 「게브」가 깊은 바다 속에서 점점 위로 솟아오르
니 마른 땅이 되었다. 「누트」는 아름다운 아치를 그리며 손은 동쪽 수
평선에, 발은 서쪽 수평선에 디딘 채 대지의 신 「게브」를 굽어보았다.

「라」가 「하피」라고 이름을 지으니 성스러운 나일강이 흐르기 시작
했고, 초목을 생각하니 초목이 탄생했고, 동물을 생각하니 동물이 존
재하게 되었다. 새와 벌레와 물고기를 생각하니 그대로 되었다. 「라」
가 지상의 모든 피조물들을 생각하고 이름을 말하니 그대로 모습을

---

2) 참고한 책, 정규영 : 나일강의 선물 이집트. 서울(여름언덕) 2003. 저자는 234쪽에서 「오시리
스」 신화는 1세기경 그리스의 철학자이자 정치가 겸 작가였던 플루타르코스의 논문 "이시스와
오시리스에 관하여"를 기반으로 재구성했음을 밝히고 있다.

갖게 되었다.

하늘의 여신 게브와 대지의 신 누트[3]

마지막으로 「라」는 남자와 여자를 생각했다. 그러자 이집트 땅에는 많은 남자와 여자가 살게 되었다. 「라」는 이들에게 지도자가 필요함을 알았다. 「라」는 자신을 파라오 「라」로 부르며 인간의 모습으로 이집트 땅에 내려왔다. 그는 이곳을 수천 년간 다스리면서 부유하고 평

---

3) Yahoo Deutschland : 하늘의 신 게브(Geb)와 땅의 신 누트(Nut). Wikipedia.(50개 정도의 그림이 있는데 그 중 2개만 골라보았다.)

화로운 땅으로 만들었다.

위대한 신「라」가 아직 파라오로서 이집트를 다스리고 있을 때였다. 태초에「라」에 의해 창조된 신 가운데 한 명인 지혜와 마술의 신「토트」가, 하늘의 여신「누트」가 아이를 낳으면 그 아이가 이집트를 다스릴 것이라고 예언을 했다. 위대한 신「라」는 노해서「누트」가 1년 중 어떤 날에도 아이를 낳지 못하도록 저주를 내렸다. 그 사실을 전해들은「누트」는 너무 슬퍼 지혜의 신「토트」를 찾아가 자신의 처지를 하소연했다.「토트」는「누트」를 도와줄 계획을 가지고 달의 신「콘수」를 방문하여 세네트(체스와 비슷함) 게임을 제안했다. 내기 게임을 좋아하는「콘수」는 거절하지 않았다.「콘수」가 지면 질 때마다 달빛을,「토트」가 지면 질 때마다 지혜를 조금씩 상대에게 주기로 하고 게임을 시작했다. 달의 신「콘수」는 지혜의 신「토트」를 이길 수 없었다.「토트」신은「콘수」신을 이겨서 받은 달빛이 세상을 5일 동안 비추기에 충분하게 되자 내기를 그만 두었다.「토트」와「콘수」가 내기를 하기 전에는 일 년이 360일이었으나 새로 생긴 5일을「토트」가 연말과 연초 사이에 집어넣으면서 1년은 365일이 되었다. 또 내기를 하기 전에는 한 달 내내 보름달이었으나 내기에서 빛을 잃으면서부터 상현달이 점점 밝아져 보름달이 되고 그후 다시 빛을 잃으며 하현달이 되는 달의 주기가 시작되었다.

람세스 2세의 부인이었던 네페르타리가 세네트를 즐기고 있는 모습

「토트」의 지혜 덕택에 「누트」는 「라」의 저주를 피해 새로 만들어진 이 5일 동안 다섯 명의 자녀를 출산할 수 있었다. 첫째 날에는 「오시리스」, 둘째 날에는 「하르마키스」, 셋째 날에는 「세트」가 태어났다. 그리고 넷째 날에는 「이시스」, 마지막 날에는 「네프티스」가 태어났다. 「토트」 신이 내기를 하여 만든 5일은 「라」 신이 저주를 내린 360일에 포함되지 않았으므로 「라」 신도 막을 수가 없었던 것이다.

「누트」의 자녀들은 성장해서 「오시리스」는 「이시스」와 결혼했고 「네프티스」는 「세트」와 결혼했다. 현명한 「이시스」는 「오시리스」를 「라」의 후계자로 만들기로 마음먹었다. 신 「토트」에게 방법을 물었다.

「토트」는 「오시리스」가 이집트의 파라오가 되려면 우선 「라」 신이 물러나야 하는데, 그러기 위해서는 「라」의 비밀 이름을 알아내야 한다고 했다. 비밀 이름이 알려지면 더 이상 인간의 모습으로 지상을 통치할 수 없기 때문이다.

「이시스」의 지혜와 노력으로 「라」의 비밀 이름 「아몬 라」가 밝혀졌다. 「라」는 더 이상 인간의 모습으로 지상을 통치할 수 없어 하늘로 올라갔다. 늙은 「라」가 이집트를 떠나 하늘에 오른 후 「오시리스」는 이집트의 파라오가 되고 「이시스」는 그의 왕비가 되었다. 그들은 고대 이집트의 남부 도시 테베에 거대한 수도를 건설하고 슬기롭게 이집트를 다스렸다. 북부 델타지방과 남부 테베지방 사람들이 문명생활을 하자 「오시리스」는 「이시스」에게 이집트의 통치를 맡기고 자신은 더 먼 지방의 사람들에게 문명생활을 가르치기 위하여 여행을 떠났다.

한편 성품이 잔인하고 탐욕스러워 평화보다는 전쟁을 좋아하는 동생 「세트」는 형이 사람들로부터 받는 사랑과 존경을 질투의 눈으로 바라보았다. 어느 날 파라오 「오시리스」가 먼 여행에서 돌아오자 「세트」는 「오시리스」를 위한다는 명분으로 연회를 개최하였다. 「세트」의 속마음을 간파하고 있던 「이시스」는 때마침 다른 지방에 여행을 가고 없었다. 「세트」는 연회에 온 손님 가운데 한 사람에게 줄 선물이라면서 다양한 보석들로 아름답게 문양이 새겨진 상자를 내놓고 그 상자에 가장 잘 맞는 사람을 찾았다. 교활한 「세트」는 「오시리스」의 체격과 키에 맞추어 상자를 준비하였기 때문에 「오시리스」 외에는 맞는 사람이 없었다. 「오시리스」가 상자에 들어가 누우니 자로 잰 듯이 딱 들어맞았다. 「오시리스」가 상자에 누워 「세트」에게 미소를 짓는 순간 「세트」의 눈에 살기가 번득였다. 그는 뚜껑을 닫고 못질을 하고 공기가 들어가지 못하도록 납을 녹여 상자를 봉해버렸다. 이름답게 조각된 상자 속에서 「오시리스」는 숨을 거두고 말았다. 「세트」와 그의 부하들은 상자를 들고 나가 어둠이 짙게 깔린 나일강에 던져버렸다. 며

칠 동안 바다를 떠돌던 「오시리스」의 관은 세상에서 가장 오래된 도시 페니키아[4]의 비블로스[5]까지 흘러갔다. 「세트」는 형이 병에 걸려 죽었으므로 이제부터는 자신이 이집트의 파라오라고 널리 공고했다.

여행에서 돌아온 「이시스」는 「오시리스」의 죽음을 슬퍼할 겨를도 없이 「세트」와 부하들의 감시를 피해 델타

왼쪽부터 오시리스, 아누비스 그리고 호루스

---

4) 기원전 3000년경에 페니키아인이 시리아 중부 자중해 해안 지방에 건설한 도시 국가를 통틀어 이르는 말. 기원전 1세기경에 로마에 병합되었다.
5) 페니키아의 주요 거점도시

의 습지로 도망을 갔다. 하늘에서 「이시스」의 도피 행각을 본 「라」는 그녀를 동정하여 「아누비스」를 보내 길 안내자가 되게 하였다.

「아누비스」는 「오시리스」와 「네프티스」 사이에서 태어난 사생아다. 「네프티스」는 「세트」와 결혼했으나 사막의 신 「세트」는 아이를 잉태시킬 수 없었다. 「네프티스」는 「이시스」의 모습으로 변장하고 「오시리스」를 속여 「아누비스」를 낳는다. 그런 연유로 「네프티스」와 「아누비스」는 언제나 「오시리스」와 「이시스」를 돕는다.

「세트」를 피해 델타로 달아난 「이시스」는 기력을 회복한 후 아들 「호루스」를 습지 여신 「부토」에게 맡기고 남편 「오시리스」의 시신을 찾아 나섰다. 「이시스」는 마침내 비블로스의 해안에 도착했다. 「오시리스」의 관은 해변 가까이에서 자라고 있던 타마리스크 나무줄기에 걸리게 되었는데, 관이 걸린 나무는 하룻밤 사이에 어마어마하게 자라서 관을 제 몸 안에 품어 주었다. 한 겨울에도 아름다운 꽃을 피우고 향기를 내품는 나무는 궁중에까지 소문이 퍼져 궁중의 대들보로 베어졌다. 나무 기둥 속에 「오시리스」의 관이 있다는 것을 알게 된 여신은 모습을 드러내고 왕에게 기둥속의 관을 청했다. 왕이 인부를 불러 기둥을 잘라보니 그 안에서 관이 나왔다. 관 안에는 「오시리스」가 마치 자고 있는 듯 누워 있는데 시신은 아직 부패하지 않았다.

「이시스」는 「오시리스」 시신을 배에 싣고 이집트로 돌아왔다. 그녀는 관을 나일강 하류에 숨겼다. 어두운 밤 사냥을 좋아하는 「세트」가 델타로 나왔다가 「오시리스」의 관을 발견하고 말았다. 관을 열고 시신을 꺼내 14쪽으로 조각을 내어, 나일강에 내다 버렸다. 시신들은 강물을 따라 이곳저곳으로 흩어지고 말았다.

「오시리스」의 관이 보이지 않자 「이시스」는 금세 상황을 알아차리고 통곡하며 시신을 찾아 나섰다. 「세트」의 아내 「네프티스」와 아들 「아누비스」가 그녀를 도왔다. 「이시스」는 오랜 고생 끝에 신체 조각들을 찾아 장사지낼 수 있었다. 「이시스」의 헌신적인 노력으로 「오시리스」 영혼은 무사히 지하세계 두아트에 들어갈 수 있었다. 위대한 신 「라」는 「오시리스」를 죽은 자들 가운데서 왕으로 삼았다.

「오시리스」의 영혼이 지하세계 두아트로 돌아가자 「이시스」는 급히 캠미스 섬으로 돌아와 아들 「호루스」를 돌보았다. 「세트」가 이집트를 다스리고 있는 한 아들의 목숨이 위태로웠기 때문이다. 어느 날 밤 「세트」는 전갈로 변하여 「호루스」를 찾아왔다. 요람에 기어 들어가 「호루스」를 독침으로 쏘고 사라졌다. 아기 울음소리를 듣고 「이시스」가 들어와 상황을 알아차리고 전갈의 독을 제거하기 위해 밤새 애를 썼으나 아침이 되자 「호루스」는 죽고 말았다. 절망한 「이시스」는 「토트」 신에게 도움을 청했다. 「토트」 신은 「호루스」의 영혼이 잠시 지하세계 두아트에 살고 있는 아버지 「오시리스」를 만나러 갔으니 내일 아침 해가 뜨면 다시 돌아올 것이라고 했다. 그리고 「호루스」의 영혼이 아직 두아트에 있는 동안 신들의 회의를 소집해서 누가 이집트의 파라오가 될 자격이 있는지 물어볼 것이라고 했다. 「아몬 라」 앞에 신들이 모이자 「세트」가 앞으로 나와 자신이 「오시리스」의 동생으로

서 파라오가 되어야 한다고 주장했다. 그러자 「토트」 신이 나서서 맏아들인 「오시리스」가 파라오가 되었듯이 그의 맏아들 「호루스」 역시 그를 계승할 권리가 있다고 어린 「호루스」를 대신하여 말했다. 분위기가 험악해지자 「아몬 라」는 회의를 중단시키고 다음에 다시 모이기로 했다. 다음 회의에서 「네프티스」로 변장한 「이시스」에게 속아 「세트」는 「네프티스」의 아들을 이집트의 정당한 파라오로 선언한다. 그러자 「네프티스」의 옷과 모자를 벗어던지고 본모습을 들어낸 「이시스」는 「세트」가 자신의 외아들 「호루스」를 이집트의 정당한 파라오로 선언했음을 밝힌다. 「이시스」의 꾀에 넘어간 것을 안 「세트」는 격분하여 「호루스」가 자라면 반드시 죽여 버리겠다고 소리를 질러대며 남쪽 사막으로 떠나갔다.

이집트에는 한동안 평화가 찾아왔으나 곧 전쟁이 닥칠 것을 모두가 알고 있었다. 최초로 전투가 벌어진 곳은 하 이집트의 델타가 끝나는 멤피스 근처였다. 「세트」와 「호루스」는 각자 전투를 준비하면서 「하르마키스」에게 도움을 청했다. 그는 「호루스」의 숙부이자 「세트」의 형제다. 그는 여태까지 누구의 편도 들지 않았으나 이번에는 「호루스」를 돕기로 결정한다. 승리를 한 「하르마키스」와 「호루스」가 보트를 타고 상 이집트를 향해 가는데 이번에는 다른 적들이 공격해 왔다. 「하르마키스」와 「호루스」는 거대한 매로 둔갑해 제방의 동쪽과 서쪽 하늘에서 적들을 덮쳤다. 「세트」는 보기만 해도 끔찍한 괴물로 둔갑하여 싸웠으나 「하르마키스」가 휘두른 쇠갈고리 철퇴에 얼굴을 맞고 땅바닥에 쓸어졌다. 마침내 포로가 되어 신들의 회의에 끌려나왔다. 위대한 신 「라」는 다른 신들의 동의를 받아 「호루스」가 직접 벌하도록 「세트」를 넘겨준다.

「세트」를 넘겨받은 「호루스」는 그의 목을 베어 이집트 전역에 전시한 후 시신을 그가 아버지 「오시리스」에게 했듯이 14쪽으로 토막을 내버렸다. 그러나 「세트」의 영혼은 몸에서 빠져나와 맹독을 가진 검은 독사에게로 들어갔다. 「세트」가 죽고 나니 전쟁은 끝난 것처럼 보였다. 지혜의 신 「토트」는 먼 앞날을 내다보고 「호루스」에게 「세트」는 아직 죽지 않았으며, 마지막 싸움이 남아 있다고 했다. 「세트」의 영혼을 가진 독사는 남쪽으로 내려가 무리를 모은 후 이집트를 공격하기 위하여 나일강을 따라 내려올 것이라고 했다. 마지막 전투는 이드푸에서 벌어질 것이라고 예언을 해주었다.

「호루스」는 다시 한 번 군사를 모아 테베의 남쪽에 있는 이드푸를 지나 엘리판티네 섬에 도착했다. 그 섬에서 거대한 붉은 하마의 모습으로 서있던 「세트」는 '사나운 비바람이여, 홍수여 적들을 휩쓸어라' 하는 저주의 말을 외쳤다. 그러자 온 땅이 어두워지며 거대한 물결이 솟아올라 「호루스」의 함대를 덮치고 하류로 흘러갔다. 거대한 신장에 13피트나 되는 작살을 든 「호루스」는 전용 황금 보트를 타고 「세트」를 향해 갔다. 「세트」가 커다란 입을 벌려 「호루스」의 보트를 부수려 하는 순간 「호루스」는 전력을 다해 작살을 던졌다. 그의 힘이 얼마나 셌던지 작살은 「세트」의 입으로 들어가 머리를 관통한 후 뒷머리로 빠져나갔다. 이 한방으로 신들과 인간의 적인 사악한 「세트」는 영원히 숨을 거두었다.

「세트」가 죽자 온 땅이 다시 밝아졌다. 이드푸의 사람들은 모두 집에서 나와 「호루스」를 환영하고 그를 신전의 성소로 안내했다. 이후 이드푸에서는 매년 위대한 「호루스」의 승리를 기념하기 위해 축제가 벌어졌고, 「호루스」를 찬양하는 노래가 도시 곳곳에 울려 퍼졌다. 「호루스」는 통일 이집트의 왕이 되었으며, 「오시리스」는 「이시스」와 함께 이집트 최고의 신으로 숭배를 받았다.

세트는 이집트 신화에서 점차 부정적인 모습으로 그려지지만, 사막의 신으로 여겨진다.

II. 이스라엘

1. 이스라엘

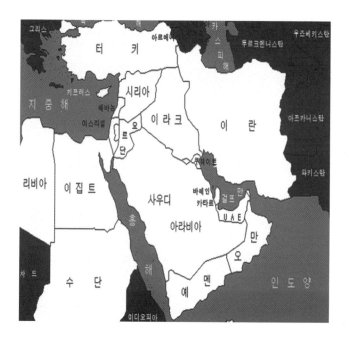

　전 세계에서 가장 많이 읽힌 책『성경』을 만들었던 이스라엘은 면적이 우리 남한의 약 4분의 1 정도인 20,770km²이고 인구는 2015년 기준으로 약 804만인데, 유대인이 81%이고 비유대인이 19% 정도라고 한다. 정치적 수도는 예루살렘이며 행정 수도는 텔아비브이다. 예루살렘에는 유대교와 그리스도교 그리고 이슬람교의 성지가 있어서 이스라엘만의 독자적인 수도는 아니다. 언어는 히브리어(語)를 국어로 사용한다. 그 외 영어, 아랍어, 러시아어가 통용된다. 종교는 유대교, 이슬람교, 기독교를 믿으며, 주변에는 요르단, 지중해, 이집트, 레바논, 시리아가 있다.

이스라엘의 북동쪽은 유프라테스강과 티그리스강 사이의 메소포타미아 문명이, 이스라엘의 남서쪽은 나일강을 중심으로 한 이집트 문명이 찬란하게 꽃을 피웠던 곳이다. 유프라테스강과 티그리스강은 오늘날 이라크에 속해 있는 강이다. 메소포타미아란 두 강 사이의 땅이란 뜻이다. 메소포타미아의 북쪽에는 고대 최초의 강국(強國) 아시리아(수도 니느베)가 있었고, 남쪽에는 바빌로니아(수도 바빌론)가 있었다.

이스라엘은 메소포타미아 문명과 이집트 문명 사이에 있는 셈이다. 이스라엘 역사는 성서시대의 기록과 함께 시작된다. 인류 최초의 부부 아담과 이브에게서 카인, 아벨, 셋이란 아들이 태어나고, 그 중 셋의

이스라엘의 12지파를 상징적으로 표현한 모자이크이다. 12시부터 시계방향으로 각각 르우벤, 시므온, 레위, 유다, 스불론, 잇사갈, 단, 갓, 아셀, 납달리, 요셉, 벤야민 지파를 상징한다.

후손은 노아로 이어져서, 노아는 셈과 함과 야벳을 낳았다. 그래서 셈의 후손, 함의 후손, 야벳의 후손이 지상에 퍼진다. 셈의 후손에서 아브람(아브라함)과 이사악과 야곱(이스라엘)이 이어지고 야곱은 12아들을 가진다. 야곱이란 이름을 하느님이 이스라엘이라고 부르도록 한 것이 이스라엘이란 국가명칭의 유래가 된다.

야곱의 자손들은 각기 땅을 분할해 살면서 지파를 이룬다. 이 중에서 레위 족은 사제 족으로 이스라엘 전체 사제 역할을 담당했기 때문에 독립된 영토를 갖지 못하고 흩어져 살게 되어 지파가 없다. 야곱의 11번째 아들 요셉은 이집트에 노예로 팔려갔다가 파라오의 신망을 얻어 총리에 오르게 되고 두 아들 므나쎄와 에브라임을 두었다. 그래서 두 아들이 요셉 대신 지파의 지도자가 된다. 레위 족에겐 영토가 없고, 요셉의 두 아들은 영토를 갖게 되어 모두 합쳐 12지파가 되었다.

시간이 지나면서 일부 지파의 영토는 적대적인 이웃 국가들에게 통합되기도 하고, 역사에서 사라지기도 한다. 후대에 유다 지파는 다른 지파를 모두 합친 것보다 더 강력하고 넓은 영토를 가지게 되면서 이스라엘 민족을 유대 민족으로도 부르게 된다. 다윗과 그의 아들 솔로몬이 유다 지파에 속했고 예루살렘도 유다 지파의 영토에 속했다. 훗날 예수도 유다 지파의 자손이다. 기원전 11세기경에 베냐민 지파의 지도자 사울(사무엘상 9장1절)이 초대 왕이 되어 12지파를 통합해서 왕국을 건설한다. 2대 왕으로는 유다 지파의 다윗(룻기)이 왕국을 이어 받아 수도를 중앙에 자리 잡은 예루살렘으로 정하고 남과 북을 효율적으로 다스렸다. 다음 왕은 그의 아들 솔로몬(열왕기상 1장)으로 초반에는 뛰어난 치세로 전성시대를 구가하다가, 말년에 수많은 왕비들과 후궁들에 빠져 이방의 신과 우상을 섬기게 되면서 타락하게 되자 부족 간에 적대감이 높아져 파국을 맞는다.

기원전 10세기에 솔로몬이 죽자 반란이 일어나 북쪽의 부족들이 떨어져 나간다. 이렇게 해서 통합 왕국은 솔로몬의 반대편인 여로보암을 지도자로 한 북쪽의 이스라엘 왕국과 솔로몬의 아들 르호보암을 지도자로 한 남쪽의 유대 왕국으로 분열된다.

10개의 부족으로 형성된 북부 이스라엘 왕국은 수도를 사마리아로 정하고 19대 왕까지 200년 동안 이어지다가 기원전 8세기경에 아시리아의 사르곤 2세(재위 BC 722~705)에게 멸망을 당한다. 유다와 베냐민 부족으로 구성된 남쪽의 유대 왕국은 예루살렘을 수도로 정하고 다윗의 대를 이어 350년 동안 이어지다가 기원전 6세기경에 신바빌로니아의 왕 네부카드네자르(재위 BC 604~562)에게 멸망을 당한다. 그리고 유대인들은 바빌론으로 끌려가 오랜 기간 유배생활을 한다. 이후부터 이스라엘은 이민족의 지배하에 놓인다. 신바빌로니아의 뒤를 이어 등장한 페르시아가 신바빌로니아를 정복하고, 유배생활을 하고 있던 유대인들에게 해방 칙령을 내려 고향으로 다시 돌아가게 한다. 유대인들은 자신들을 해방시켜주고 또 예루살렘에 성전을 재건할 수 있도록 재정을 지원했던 페르시아의 키루스 대왕(Cyrus the Great 재위 BC 559~529.

성서에는 고레스 왕)을 구약성서 에스라서 1장과 이사야서 45장에서 구원자로 칭송하고 있다.

바빌론 유수를 묘사하고 있는 벽화

기원전 4세기에는 고대 마케도니아의 알렉산드로스 대왕(재위 BC 336~323)이 페르시아제국을 멸망시키고 이집트, 중앙아시아, 인도 북서부에 이르는 광대한 제국을 건설한다. 그리고 곳곳에 그리스 문화와 언어를 보급시켜 헬레니즘 문화권을 확장시킨다. 이스라엘도 그의 통치하에 들어간다. 그러나 그는 BC 323년 32세의 젊은 나이로 바빌론에서 병사한다. 그가 죽은 후 제국은 휘하 장군들에 의해 삼분되어 마케도니아에서는 안티고노스(BC 382~301)가, 이집트에서는 프톨레마이오스(BC 367~283)가, 시리아와 메소포타미아에서는 셀레우코스

(BC 358~281)가 각각 왕조를 건설했다. 이스라엘은 처음에 프톨레마이오스 왕조의 통치를 받았으나, 나중엔 셀레우코스 왕조의 통치를 받게 되었다. "헬라스인들의 통치는 유대인들에게 '언어'와 '폴리스'(Polis)라는 두 가지 문화적 충격을 가져다주었다. 히브리어로 쓰인 성경에 인간의 모든 지혜가 담겨 있다고 믿어온 유대인들에게 그리스어를 통해 접하게 된 소포클레스의 희곡과 플라톤의 철학, 유클리드의 수학은 가히 혁명에 가까운 새로운 발견이었다."[1] 유대인 사회는 그리스 문화에 매료된 부유한 귀족들인 헬레나이저(Hellenizer)와 그리스 문화를 배격하는 가난하고 경건한 전통주의자들인 하시딤(Hasidim)으로 나뉘어져 갔다. 하시딤은 히브리어로 경건한 자들을 뜻한다고 한다. 그러나 점점 강해지는 그리스 문화의 영향 속에서 유대인들은 자신들의 종교와 문화가 말살될지도 모른다는 두려움에 처하게 된다. 기원전 175년에 안티오코스 4세(재위 BC 175~163)가 셀레우코스 왕으로 즉위한다. 그가 헬레니즘 문화의 토대 위에서 국가를 통일시키기 위해 유대교를 가혹하게 탄압하고, 제우스 동상 숭배를 강요하자 유대인들은 더 이상 참지 못하고 제사장 마타시아스 하스몬을 중심으로 하는 독립전쟁(BC 164)을 일으켜 유대에 하스몬 왕조를 탄생시킨다. 그리스 문화를 배격하는 하시딤(Hasidim) 사람들도 그들에게 합세하였다. 이후 100년간을 셀레우코스 군(軍)과 대결하면서 유대의 독립을 지켜오다가 두

---

1) 토마스 이디노폴로스 지음/ 이동진 옮김 : 예루살렘. 그린비 2002. 96-97쪽

왕조는 모두 로마에 의해 BC 64~63년에 정복을 당한다.

유클리드는 그리스의 수학자로서 당시의 수학적 지식들을 체계적으로 정리하여 유클리드 기하학을 정립하였다. 후대인들의 과학적 성취는 모두 유클리드 기하학에 빚을 지고 있다고 해도 과언이 아니다. '삼각형의 내각의 합은 180°이다'라는 것도 유클리드 기하학에서 정립된 공리이다.

이때부터 이스라엘에는 로마제국의 역사가 펼쳐진다. 이스라엘은 로마의 지배를 벗어나기 위하여 독립정권을 형성하고 꾸준하게 저항하였으나 서기 70년 로마의 티투스 장군(출생 AD 39, 황제 재위 AD 79~81년)에 의해 잔인하게 진압된다. 성전도 모두 파괴되었으나 로마 군인의 강함을 나타내기 위해 오직 벽 하나만을 남겨두었는데, 유대인들은 이것을 '통곡의 벽'으로 부르며 오늘날까지 그대로 보존하고 있다. 이때부터 이들은 이스라엘 땅에서 추방되어 망국의 한을 품은 체 전 세계에 흩어져 살게 되었다. 이들을 디아스포라(diaspora), 즉 떠돌이 유대인이라고 부른다.

통곡의 벽은 예루살렘의 몰락 이전에 존재했던 예루살렘 신전의 서쪽 벽이다. 유대인들은 이 벽에 머리와 손을 대고 통곡하고 기도하였다. 오늘날에도 이 벽은 유대교의 성지 중 하나로 여겨진다.

7세기에 등장한 이슬람제국은 로마에 이어 이스라엘의 통치권을 획득했다. 그후 이스라엘의 통치권은 유럽의 십자군, 이집트의 맘루크왕조[2], 오스만 튀르크가 차례로 이어받았다. 20세기 초가 되자 식민지를 가장 많이 거느린 영국이 이스라엘을 신탁통치하게 되었다. 유럽에 만연한 반셈족주의(반유대주의)는 유대인들로 하여금 시온주의(유대 민족주의 운동)를 태동케 했고, 유대국가 건설을 위해 팔레스타인으로 이주하기 시작했다. 팔레스타인에 이전부터 살고 있었던 아랍계 민족은 서안(West Bank) 지역과 가자 지역 두 곳으로 쫓겨 가 모여 살게 되면서 이스라엘 민족과 갈등을 빚게 된다. 이스라엘은 1948년 독립한 이후

---

2) 13~16세기에 걸쳐 약 250년 간 이집트 지역에 성립되었던 노예 군대가 세운 이슬람 왕조. 아랍어의 맘루크는 남자 노예를 뜻하지만 역사적으로는 터키, 비잔틴, 쿠르드, 슬라브 출신의 백인 노예를 의미한다. 이들 노예들은 어린 시절부터 군인으로 길러지며, 성장하면 거의 이슬람으로 개종한다. 오스만 튀르크제국에 의해 멸망당했다. [네이버 지식백과] 맘루크 왕조 [Mamluk dynasty] (두산백과)

에도 끊임없이 이들과 크고 작은 전쟁을 해오다가 1993년 PLO (팔레스타인 해방 기구 Palestine Liberation Organization)와 평화협정을 맺으면서 갈등은 잠시 소강상태에 접어든다. 그러나 이스라엘과 주변 국가 간의 갈등은 단순한 중동지역의 문제를 떠나 세계의 정치·종교무대에 큰 영향을 끼치기 때문에 오늘날까지도 이 지역은 잠복된 화산처럼 언제 터질지 모르는 위험을 잉태하고 있다.

이스라엘이나 팔레스타인 양쪽으로부터 폭탄이 날아오면 언제라도 죽거나 불구자가 되어야 하는 고통과 슬픔으로 날이 가고 세월이 가는 지역, 세 종교의 성지가 있는 지역, 그 성지를 수백 년간 지켜오면서 자신의 종교를 위해 순교도 자랑스러워하는 사람들이 살고 있는 지역이다.

2. 이스라엘 신화 [3]

1) 천지창조의 신화

태초에 하느님께서 하늘과 땅을 지어내셨다. 땅은 아직 모양을 갖추지 않고 아무 것도 생기지 않았다. 어둠이 깊은 물 위에 뒤덮여 있었고 그 물 위에 하느님의 기운이 휘돌고 있었다.

하느님께서 "빛이 생겨라!" 하시자 빛이 생겨났다. 하느님께서는 빛과 어둠을 나누시고 빛을 낮이라, 어둠을 밤이라 부르셨다. 이렇게 첫날이 밤, 낮 하루가 지났다.

하느님께서 "물 한가운데 창공이 생겨 물과 물 사이가 갈라져라!" 하시자 그대로 되었다. 하느님께서는 이렇게 창공을 만들어 창공 아래 있는 물과 창공 위에 있는 물을 갈라 놓으셨다. 하느님께서 그 창공을 하늘이라 부르셨다. 이렇게 이튿날도 밤, 낮 하루가 지났다.

하느님께서 "하늘 아래 있는 물이 한 곳으로 모여, 마른 땅이 드러나거라!" 하시자 그대로 되었다. 하느님께서는 뭍을 땅이라, 물이 모인 곳을 바다라 부르셨다. 하느님께서 "땅에서 푸른 움이 돋아나거라! 땅 위에 낟알을 내는 풀과 씨 있는 온갖 과일나무가 돋아나거라!" 하

---

3) 참고서적
　① 공동번역 성서 (카톨릭용) 대한 성서공회발행 1986. 창세기 1-85쪽.
　② 조의설 감수 : 대세계사 제1권 서울(정한출판사) 1976. 천지의 창조 72-98쪽.

시자 그대로 되었다. 이리하여 땅에는 푸른 움이 돋아났다. 낟알을 내는 온갖 풀과 씨 있는 온갖 과일나무가 돋아났다. 이렇게 사흗날도 밤, 낮 하루가 지났다.

하느님께서 "하늘 창공에 빛나는 것들이 생겨 밤과 낮을 갈라놓고 절기와 나날과 해를 나타내는 표가 되어라! 또 하늘 창공에서 땅을 환히 비추어라!" 하시자 그대로 되었다. 하느님께서는 이렇게 만드신 두 큰 빛 가운데서 더 큰 빛은 낮을 다스리게 하시고 작은 빛은 밤을 다스리게 하셨다. 또 별들도 만드셨다. 하느님께서는 이 빛나는 것들을 하늘 창공에 걸어놓고 땅을 비추게 하셨다. 이리하여 밝음과 어둠을 갈라놓으시고 낮과 밤을 다스리게 하셨다. 이렇게 나흗날도 밤, 낮 하루가 지났다.

하느님께서 "바다에는 고기가 생겨 우글거리고 땅 위 하늘 창공 아래에는 새들이 생겨 날아 다녀라!" 하시자 그대로 되었다. 이리하여 하느님께서는 큰 물고기와 물속에서 우글거리는 온갖 고기와 날아다니는 온갖 새들을 지어내셨다. 하느님께서 이것들에게 복을 내려 주시며 말씀하셨다. "새끼를 많이 낳아 바닷물 속에 가득히 번성하여라. 새도 땅 위에 번성하여라!" 이렇게 닷샛날도 밤, 낮 하루가 지났다.

하느님께서 "땅은 온갖 동물을 내어라! 온갖 집짐승과 길짐승과 들짐승을 내어라!" 하시자 그대로 되었다. 하느님께서는 이렇게 온갖 들짐승과 집짐승과 땅 위를 기어 다니는 길짐승을 만드셨다.

이렇게 1장을 지나 2장을 계속해서 읽어보면 인간창조의 이야기가 새로이 시작되고 있다. 앞에서 읽은 인간창조와는 전연 다른 내용인 것이다. 1장에서 하느님이란 말도 2장에서는 야훼 하느님으로 부르고 있다.

2) 인간창조의 신화 1

하느님께서는 "우리 모습을 닮은 사람을 만들자! 그래서 바다의 고기와 공중의 새, 또 집짐승과 모든 들짐승과 땅 위를 기어 다니는 모든 길짐승을 다스리게 하자!" 하시고, 당신의 모습대로 사람을 지어 내셨다. 하느님의 모습대로 사람을 지어 내시되 남자와 여자로 지어 내시고 하느님께서는 그들에게 복을 내려 주시며 말씀하셨다. "자식을 낳고 번성하여 온 땅에 퍼져서 땅을 정복하여라. 바다의 고기와 공중의 새와 땅 위를 돌아다니는 모든 짐승을 부려라!"

하느님께서 다시, "이제 내가 너희에게 온 땅 위에서 낟알을 내는 풀과 씨가 든 과일나무를 준다. 너희는 이것을 양식으로 삼아라. 모든 들짐승과 공중의 모든 새와 땅 위를 기어 다니는 모든 생물에게도 온갖 푸른 풀을 먹이로 준다" 하시자 그대로 되었다. 엿샛날도 밤, 낮 하루가 지났다.

이리하여 하늘과 땅과 그 가운데 있는 모든 것이 다 이루어졌다. 하느님께서는 엿샛날까지 하시던 일을 다 마치시고, 이렛날에는 모든 일에서 손을 떼고 쉬셨다. 이렇게 하느님께서는 모든 것을 새로 지으시고 이렛날에는 쉬시고 이 날을 거룩한 날로 정하시어 복을 주셨다.

3) 인간창조의 신화 2

야훼 하느님께서 땅과 하늘을 만드시던 때였다. 땅에는 아직 아무 나무도 없었고, 풀도 돋아나지 않았다. 야훼 하느님께서 아직 땅에 비를 내리지 않으셨고 땅을 갈 사람도 아직 없었던 것이다. 마침 땅에서 물이 솟아 온 땅을 적시자 야훼 하느님께서 진흙으로 사람을 빚어 만드시고 코에 입김을 불어 넣으시니, 사람이 되어 숨을 쉬었다.

야훼 하느님께서는 동쪽에 있는 에덴이라는 곳에 동산을 마련하시고 당신께서 빚어 만드신 사람을 그리로 데려다가 살게 하였다. 야훼 하느님께서는 보기 좋고 맛있는 열매를 맺는 온갖 나무를 그 땅에서 돋아나게 하셨다. 또 그 동산 한가운데는 생명나무와 선과 악을 알게 하는 나무도 돋아나게 하셨다.

에덴에서 강 하나가 흘러나와 그 동산을 적신 다음 네 줄기로 갈라졌다. 첫째 강줄기의 이름은 비손이라 하는데, 은과 금이 나는 하월라 땅을 돌아 흐르고 있었다. 그 땅은 좋은 금뿐 아니라 브돌라라는 향료와 홍옥수 같은 보석이 나는 곳이었다. 둘째 강줄기의 이름은 기혼이라 하는데, 구스 온 땅을 돌아 흐르고 있었다. 셋째 강줄기의 이름은 티그리스라 하는데, 아시리아 동쪽으로 흐르고 있었고, 넷째 강줄기의 이름은 유프라테스라고 하였다.

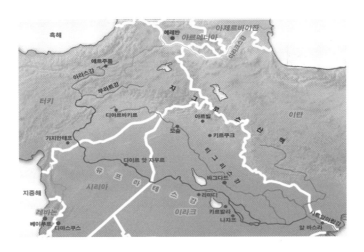

야훼 하느님께서 아담을 데려다가 에덴에 있는 이 동산을 돌보게 하시며 이렇게 이르셨다. "이 동산에 있는 나무 열매는 무엇이든지 마음대로 따 먹어라. 그러나 선과 악을 알게 하는 나무 열매만은 따 먹지 마라. 그것을 따 먹는 날, 너는 반드시 죽는다."

「에덴 동산과 인간의 타락」(1617) - 대 얀 브뢰헬과 루벤스. 선악나무 위에 똬리를 틀고 있는 뱀의 모습과 하와가 선악과를 따서 아담에게 주고 있는 모습을 볼 수 있다. 오른쪽에 있는 나무는 선악나무와 대조되는 생명나무이다.

야훼 하느님께서는 "아담이 혼자 있는 것이 좋지 않으니, 그의 일을 거들 짝을 만들어 주리라" 하시고, 들짐승과 공중의 새를 하나하나 진흙으로 빚어 만드시고, 아담에게 데려다 주시고는 그가 무슨 이름을 붙이는가 보고 계셨다. 아담이 동물 하나하나에게 붙여 준 것이 그대로 그 동물의 이름이 되었다. 이렇게 아담은 집짐승과 공중의 새와 들짐승의 이름을 붙여 주었지만 그 가운데는 그의 일을 거들 짝이 보이지 않았다. 그래서 야훼 하느님께서 아담을 깊이 잠들게 하신 다음, 아담의 갈빗대를 하나 뽑고 그 자리를 살로 메우시고는 그 갈빗대로 여자를 만드신 다음, 아담에게 데려 오시자 아담은 이렇게 외쳤다.

"드디어 나타났구나!
내 뼈에서 나온 뼈요,
내 살에서 나온 살이로구나.
지아비에게서 나왔으니
지어미라고 부르리라!"

이리하여 남자는 어버이를 떠나 아내와 어울려 한 몸이 되었다. 아담 내외는 알몸이면서도 서로 부끄러운 줄을 몰랐다.

인간에 대한 두 개의 창조신화를 비교해보면, 제1장에서는 인간이 하느님의 모습대로 남자와 여자가 동시에 만들어졌고, 제2장에서는 먼저 흙으로 사내를 만들어 그를 아담이라 부르고 동쪽에 있는 에덴동산에 혼자 살게 하다가, 다음에 그의 일을 거들 짝을 만들어주기 위해 아담이 잠든 사이 그의 갈빗대를 하나 뽑아 여자를 만들었다고 한다.

이렇게 내용이 다른 두 개의 신화를 한 사람이 동일한 시대에 쓴 것이라고는 생각할 수 없다. 학자들의 연구에 의하면 전자는 기원전 5세기 무렵, 후자는 그 보다도 수백 년이나 앞선 기원전 9-8세기에 기록된 것이라 한다.

『구약성서』는 오늘날 우리 눈에 한 권의 책으로 보이지만 목차를 보면 알 수 있듯이 39종의 문서로 되어 있고 약 1,000년이라는 세월에 걸쳐서 쓰인 것이다.

이들 문서들은 형성된 기간에 따라 5개의 사료로 나눈다. 맨 처음은 솔로몬이 죽으면서 유대인의 통일 왕국이 남쪽 유다 왕국과 북쪽 이스라엘 왕국으로 분열(BC 931년)되는데 이때부터 사료도 구분된다.

첫째, BC 10~9세기 남쪽 유다 왕국에서 구전 또는 문서로 전해 온 사료는 이들 문서에서 하느님을 여호아 Jehovah 또는 야훼로 불렀기 때문에 첫 글자를 따서 (J) 사료로 부른다.

둘째, BC 9~8세기 북쪽 이스라엘 왕국에서 형성된 사료는 이들 문서에서 하느님을 히브리말로 엘로힘 Elohim으로 발음했기 때문에 첫 글자를 따서 (E) 사료로 부른다.

셋째, BC 7~5세기 유다의 요시아왕(BC 640~609) 때 발견된 신명기를 영어 Deuteronomy 첫 글자를 따서 (D) 사료로 부르고,

넷째, BC 550년경에 형성된 거룩함에 대한 규칙과 원리를 규정한

문서로 거룩한 법전 Holiness Code의 첫 글자를 따서 (H) 사료로,

다섯째, BC 6~5세기 바빌론 포로 이후 정치적 독립은 잃었지만 종교 문화를 유지, 확립해보려는 목적으로 선민 역사와 종교제도, 성전의 의식법과 절차들을 수집 편찬했는데, 주로 제사장들에 의해 작성되었기 때문에 제사장 문서 Priestly Document의 첫 글자를 따서 (P) 사료로 나눈다.[4]

결국 5경, 즉 「창세기」, 「출애굽기」, 「레위기」, 「민수기」, 「신명기」는 이 (P)사료를 골격으로 하고 다른 전승된 사료들은 거기에 맞추어졌다고 본다. 그래서 사람이 하느님의 모습에 따라 창조되었다는 전자는 P사료로, 흙으로 사내가 먼저 만들어지고 그 다음에 사내의 갈비뼈에서 여자가 만들어졌다는 단순 소박한 후자는 J사료로 보고 있다.

「창세기」를 비롯한 『구약성서』의 5경이 최종적으로 편집된 것은 기원전 400년 무렵이며, 이때의 편집자들이 머릿속에 그렸던 창조신화를 제1장에 실었을 것이고, 오랜 옛날부터 전해온 창조신화도 그 다음에 덧붙여 쓴 것이라고 생각하고 있다.

이와 같이 이야기가 중복된 것은 5경을 오늘의 형태로 작성한 편집자들이 그 사건들에 대한 두 가지 자료를 앞에 놓고 그것을 정직하게 그리고 충실하게 취급하는 의미에서 버리지 않고 하나의 문서로 편집했기 때문이라고 보고 있다.

---

4) ① 조의설 감수 : 대세계사 제1권 서울(정한출판사) 1976. 천지의 창조 328쪽-330쪽. 오경(五經)의 사료분석 - 독일의 신학자 율리우스 벨하우센(Julius Wellhausen 1844-1918)이 1885년에 발표한 4대 분류. J사료(여호와 사료), E사료(엘로힘 사료), D사료(신명기적 사료), P사료(제사장 사료).
② 박창환 : 성경의 형성사. 대한기독교서회, 1969. 구약성서는 어떻게 기록되었을까? 36-39쪽. 5대 분류. J문서, E문서, D문서, H문서, P문서.

노아의 방주 이야기에서도 유사한 중복을 볼 수 있다.

6장 18~20절

너는 네 아들들과 네 아내와 며느리들을 데리고 배에 들어가거라. 그리고 목숨이 있는 온갖 동물도 암컷과 수컷으로 한 쌍씩 배에 데리고 들어가 너와 함께 살아남도록 하여라. 온갖 새와 온갖 집짐승과 땅 위를 기어 다니는 온갖 길짐승이 두 마리씩 너한테로 올 터이니 그것들을 살려주어라.

7장 1~3절

너는 네 식구들을 다 데리고 배에 들어가거라. 내가 보기에 지금이 세상에서 올바른 사람은 너 밖에 없다. 깨끗한 짐승은 종류를 따라 암컷과 수컷으로 일곱 쌍씩, 부정한 짐승은 암컷과 수컷으로 두 쌍씩, 공중의 새도 암컷과 수컷으로 일곱 쌍씩 배에 데리고 들어 가온 땅 위에서 각종 동물의 씨가 마르지 않도록 하여라.

4) 아담의 계보

아담은 아내를 인류의 어머니라 해서 하와라고 이름 지어 불렀다. 아담이 아내 하와와 한자리에 들었더니 아내가 임신하여 카인을 낳고 이렇게 외쳤다. "야훼께서 나에게 아들을 주셨구나!" 하와는 또 카인의 아우 아벨을 낳았는데, 아벨은 양을 치는 목자가 되었고 카인은 밭을 가는 농부가 되었다. 때가 되어 카인은 땅에서 난 곡식을 야훼께 예물로 드렸고 아벨은 양떼 가운데서 맏배의 기름기를 드렸다. 그런데 야훼께서는 아벨과 그가 바친 예물은 반기시고 카인과 그가 바친 예물은 반기시지 않으셨다. 카인은 고개를 떨어뜨리고 몹시 화가 나 있었다. 야훼께서 이것을 보시고 카인에게 말씀하셨다. "너는 왜 그렇게 화가 났느냐? 왜 고개를 떨어뜨리고 있느냐? 네가 잘했다면 왜 얼굴을 쳐들지 못하느냐? 그러나 네가 만일 마음을 잘못 먹었다면, 죄가 네 문 앞에 도사리고 앉아 너를 노릴 것이다. 그러므로 너는 그 죄에 굴레를 씌워야 한다." 그러나 카인은 아우 아벨을 "들로 가자"고 꾀어 들에 데리고 나가서 달려들어 아우 아벨을 쳐 죽였다.

「아벨을 살해하는 카인」(1608~1609) - 루벤스.

야훼께서 카인에게 물으셨다. "네 아우 아벨이 어디 있느냐?" 카인은 "제가 아우를 지키는 사람입니까?" 하고 잡아떼며 모른다고 대답하였다. 그러나 야훼께서는 "네가 어찌 이런 일을 저질렀느냐?"고 하시면서 꾸짖으셨다. "네 아우의 피가 땅에서 나에게 울부짖고 있다. 땅이 입을 벌려 네 아우의 피를 네 손에서 받았다. 너는 저주를 받은 몸이니 이 땅에서 물러나야 한다. 네가 아무리 애 써 땅을 갈아도 이 땅은 더 이상 소출을 내 주지 않을 것이다. 너는 세상을 떠돌아다니는 신세가 될 것이다." 그러자 카인이 야훼께 하소연하였다. "벌이 너무 무거워서, 저로서는 견디지 못하겠습니다. 오늘 이 땅에서 저를 아주 쫓아내시니, 저는 이제 하느님을 뵙지 못하고 세상을 떠돌아다니게 되었습니다. 저를 만나는 사람마다 저를 죽이려고 할 것입니다." "그렇게 못하도록 하여 주마. 카인을 죽이는 사람에게는 내가 일곱 곱절로 벌을 내리리라." 이렇게 말씀하시고 야훼께서는 누가 카인을 만나더라도 그를 죽이지 못하도록 그에게 표를 찍어 주셨다. 카인은 하느님 앞에서 물러나와 에덴 동쪽 놋이라는 곳에 자리를 잡았다. 카인은 아내와 함께 이곳에서 자식을 낳고 후손은 계속 연결되어 갔다.

아담이 다시 아내와 한 자리에 들었더니 아내가 아들을 낳고는 "하느님께서 카인에게 죽은 아벨 대신 이제 또 다른 아들을 주셨구나" 하며 이름을 셋이라고 지어 주었다. 셋도 아들을 얻고 이름을 에노스라고 지어 불렀다. 에노스는 케난을, 케난은 마할랄렐을, 마할랄렐은 야렛을, 야렛은 에녹을, 에녹은 므두셀라를, 므두셀라는 라멕을, 라멕은 노아를, 노아는 셈과 함과 야벳을 낳았다.

야훼께서는 세상이 사람의 죄악으로 가득 차고 사람마다 못된 생각만 하는 것을 보시고 왜 사람을 만들었던가 싶으시어 마음이 아프셨다. 야훼께서는 "내가 지어 낸 사람이지만, 땅 위에서 쓸어버리리라. 공연히 사람을 만들었구나. 사람뿐 아니라 짐승과 땅위를 기는 것과 공중의 새까지 모조리 없애버리리라. 공연히 만들었구나" 하고 탄식하셨다. 그러나 노아만은 하느님 마음에 드셨다.

그래서 하느님께서는 노아에게 이렇게 말씀하셨다. "세상은 이제 막판에 이르렀다. 땅 위는 그야말로 무법천지가 되었다. 그래서 나는 저것들을 땅에서 다 쓸어버리기로 하였다. 너는 전나무로 배 한척을 만들어라. 배 안에 방을 여러 칸 만들고 안과 밖을 역청으로 칠하여라. 그 배는 이렇게 만들도록 하여라. 길이는 삼백 자, 나비는 오십 자, 높이는 삼십 자로 하고, 또 배에 지붕을 만들어 한 자 치켜 올려 덮고 옆에는 출입문을 내고, 상 중 하 삼층으로 만들어라. 내가 이제 땅 위에 폭우를 쏟으리라. 홍수를 내어 하늘 아래 숨 쉬는 동물은 다 쓸어버리라. 땅 위에 사는 것은 하나도 살아남지 못할 것이다. 그러나 나는 너와 계약을 세운다. 너는 네 아들들과 네 아내와 며느리들을 데리고 배에 들어가거라. 그리고 목숨이 있는 온갖 동물도 암컷과 수컷으로 한 쌍씩 배에 데리고 들어가 너와 함께 살아남도록 하여라. 온갖 새와 온갖 집짐승과 땅 위를 기어 다니는 온갖 길짐승이 두 마리씩 너한테로 올 터이니 그것들을 살려주어라. 그리고 너는 먹을 수 있는 온갖 양식을 가져다가 너와 함께 있는 사람과 동물들이 먹도록 저장해 두어라." 노아는 모든 일을 하느님께서 분부하신 대로 하였다.

야훼께서 노아에게 말씀하셨다. "너는 네 식구들을 다 데리고 배에 들어가거라. 내가 보기에 지금 이 세상에서 올바른 사람은 너 밖에 없다. 깨끗한 짐승은 종류를 따라 암컷과 수컷으로 일곱 쌍씩, 부정한 짐승은 암컷과 수컷으로 두 쌍씩, 공중의 새도 암컷과 수컷으로 일곱 쌍씩 배에 데리고 들어 가 온 땅 위에서 각종 동물의 씨가 마르지 않도록 하여라. 이제 이레가 지나면, 사십 일 동안 밤낮으로 땅에 비를 쏟아, 내가 만든 모든 생물들을 땅 위에서 다 없애 버리리라." 노아는 야훼께서 분부하신 대로 다 하였다.

노아는 아들들과 아내와 며느리들을 데리고 홍수를 피하여 배에 들어갔다. 또 깨끗한 짐승과 부정한 짐승, 그리고 새와 땅 위를 기어 다니는 길짐승도 암컷과 수컷 두 쌍씩 노아한테로 와서 배에 들어갔다. 노아는 모든 일을 야훼께 분부 받은 대로 하였다. 이레가 지나자 폭우가 땅에 쏟아져 홍수가 났다. 바로 그 날 땅 밑에 있는 큰 물줄기가 모두 터지고 하늘은 구멍이 뚫렸다. 그래서 사십 일 동안 밤낮으로 땅 위에 폭우가 쏟아졌다.

바로 그 날 노아는 자기 아내와 세 아들 셈, 함, 야벳과 세 며느리를 배에 들여보냈다. 그리고 그들과 함께 각종 들짐승과 집짐승, 땅 위를 기는 각종 파충류와 날개를 가지고 나는 각종 새들을 들여보냈다. 몸을 가지고 호흡하는 모든 것이 한 쌍씩 노아와 함께 배에 올랐다. 그리하여 하느님께서 노아에게 분부하신 대로 모든 짐승의 암컷과 수컷이 짝을 지어 들어갔다. 그리고 노아가 들어가자 야훼께서 문을 닫으셨다.

지상에는 사십 일 동안 폭우가 쏟아지고 홍수가 났다. 야훼께서는 사람을 비롯하여, 모든 짐승들, 길짐승과 새들에 이르기까지 땅 위의 모든 생물들을 쓸어버리셨다. 노아와 함께 배에 있던 사람과 짐승만은 살아남았다. 배에서 나온 노아의 아들은 셈과 함과 야벳이었다. 이 세 사람이 노아의 아들인데, 온 세상 사람이 그들에게서 퍼져 나갔다.

Ⅲ. 그리스

1. 그리스

    그리스는 발칸반도의 남단에 있는 나라다. 발칸이란 말의 어원은
불가리아 중앙부와 세르비아 동부에 걸쳐 있는 발칸산맥에서 왔다.
그리스의 서쪽은 이오니아 해, 동쪽은 에게 해, 북쪽은 알바니아, 마
케도니아, 불가리아 그리고 북동쪽은 터키와 접경을 이루고 있다. 면
적은 약 13만km²로 81%의 본토와 19%의 섬들로 이루어져 있다. 인

구는 2012년 현재 약 1,000만 명 정도이고, 수도 아테네에 370만 정도가 살고 있다. 국어는 그리스(헬라)어다. 종교는 98%가 그리스 정교(Greek Orthodox)를 믿는다. 그리스는 1830년 헬라스 공화국(The Hellenic Republic)이란 국가 명으로 정식 국가를 수립했다.

그리스는 산지가 많고 평지가 적은 지형의 특성 때문에 고대로부터 정치적, 사회적으로 독립된 도시 국가인 폴리스(Polis)가 독자적인 형태로 발전했다. 가장 일찍 국가형태를 갖춘 곳은 아테네와 스파르타였다. 두 도시국가는 각각 독자적 정부 형태를 발전시켰고 대외적으로는 오늘날 터키 쪽 에게(the Aegea) 해안에 식민 도시를 건설하면서 세력을 확장했다. 그러나 이들이 서로 분열해서 내란을 겪는 동안 북방에 있던 마케도니아의 왕 필리포스 2세와 그의 아들 알렉산드로스 대왕(재위 BC 336~BC 323)이 그리스 본토의 주도권을 차지하고, 이어서 유럽과 아시아, 아프리카에 이르는 대제국을 건설했다. 그 영향으로 그리스 문화와 오리엔트 문화가 융합되는 헬레니즘[1]의 탄생을 보게 된다. 그가 죽은 후 대제국은 휘하 장군들에 의해 삼분되어 마케도니아에서는 안티고노스가, 이집트에서는 프톨레마이오스가, 시리아와 메소포타미아에서는 셀레우코스가 각각 왕조를 건설했다.

---

1) 헬레니즘이란 말을 처음 사용한 학자는 독일의 역사학자 요한 드로이젠 Droysen (1808~1884)으로 1836년에서 1843년에 걸쳐 나온 저서 『헬레니즘사(史)』가 있다. (1968년판 Brockhaus 백과사전 5권 참조.)
영국의 시인 매슈 아널드(1822~1888)도 그의 저서 『교양과 무질서』(1869)에서 「헤브라이즘과 헬레니즘」이란 글을 싣고 있다.

BC 146년 마케도니아, 그리스는 모두 로마에게 정복된다. 이때부터 그리스는 로마의 속주가 되어 역사를 같이 하게 된다. 4세기에 로마 황제 콘스탄티누스 1세(출생 274, 재위기간 306~337)가 그리스 식민지 비잔티움(Byzantium)에 제2의 로마 수도를 건설하고, 자신의 이름을 상징하는 콘스탄티노폴리스(콘스탄티누스의 도시)로 명칭을 바꾸었다. 로마의 국교가 된 기독교도 로마에서는 로마 가톨릭교회로, 그리스에서는 그리스 정교회로 나누어진다.

비잔티움은 기원전 7세기경 고대 그리스인들이 이전 민족을 정복하고 세운 도시로 보스포루스해협의 서해안에 번영했던 도시다. 현재의 명칭은 터키의 도시 이스탄불이다. 비잔티움이란 도시명칭은 사라졌지만 395년 로마제국이 동과 서로 분열된 뒤에는 동로마제국을 비잔티움제국으로도 부른다.

동로마제국은 1453년 오스만제국(오스만 튀르크)의 7대 술탄 메메트 2세에게 정복된다. 그리스에 대한 지배는 동로마에서 오스만제국으로 넘어간다. 이후 그리스란 국가명칭은 1830년 오스만제국과 맞선 자신들의 독립전쟁과 프랑스, 영국, 러시아 등 열강의 지원으로 독립할 때까지 400여 년간 역사에서 사라지게 된다.

그리스는 오스만제국의 혹독한 지배를 벗어나기 위해 줄기차게 독립운동을 시도했지만 번번이 실패한다. 18세기 후반에 일어난 프랑스대혁명 이후 유럽에 팽배했던 민족주의의 영향을 받아 1821년부터

1827년에 걸쳐 독립운동이 확산되었다. 1823년에 독립전쟁에 참전했다가 이듬해 1824년 말라리아로 사망한 영국의 시인 바이런을 비롯하여, 헬레니즘의 발상지이자 기독교 문화의 꽃을 피운 그리스에 애정을 가진 많은 서구인들이 그리스의 독립을 위해 오스만제국과의 전쟁에 참전하였다. 당시 오스만제국은 그리스의 혁명을 허용하지 않고 억압하려 하였지만, 프랑스, 영국, 러시아가 그리스를 지원하기 위해 군사 개입을 단행한다. 마침내 1830년 2월 그리스가 독립국임을 선언하는 런던 의정서가 열강들에 의해 채택되고 그리스는 오스만제국으로부터 벗어나 1830년 독립 왕국을 수립한다.

「술탄 메메트 2세」(1480) - 젠틸레 벨리니(이탈리아). 콘스탄티노플을 정복하여 일명 '정복자'로 명성이 드높았다. 오스만제국이 지중해의 패권국으로 발돋움할 수 있게 기틀을 마련한 군주로 평가된다. 또한 타 군주들과 비교했을 때 그리스도인들과 교회에 대해 우호적이었고 예술가들을 우대하였다. 당시 베네치아의 유명한 화가였던 벨리니 역시 메메트 2세의 초청을 받아 그의 초상화를 그렸다.

오스만제국은 1922년 제1차 세계대전 뒤 국민혁명에 의해 술탄제를 폐지하고 왕국에서 공화국으로 국가체제가 바뀌어 1923년 10월 터키 공화국이 된다. 그리고 수도였던 이스탄불을 대신하여 터키의 본토인 아나톨리아에 있는 도시 앙카라가 새로운 수도가 된다.

2. 그리스 신화[2]

1) 천지창조와 신들의 탄생신화

태초에는 카오스(혼돈)만이 존재했다. 얼마를 지나 대지의 여신인 가이아(대지)가 생겨나고, 곧 이어 모든 물질을 서로 결합, 생성케 하는 정신적인 힘 에로스(사랑)가 생겨났다. 이리하여 우주가 만들어질 원초적인 질료가 갖추어졌다.

카오스로부터 닉스(밤)와 에레보스(어둠)가 태어났다. 이 둘은 서로 어울려 맑은 대기 아이테르(창공)와 헤메라(낮)를 낳는다. 이렇게 카오스로부터 모든 천체가 운행할 우주의 드넓은 어둠과 낮과 밤의 세계가 생겨났다.

한편 가이아는 자신의 크기와 같은 자식 우라노스(하늘)를 낳아 자신을 뒤덮게 하였다. 또 요정들의 은신처인 오레(산맥)를 낳고, 이어서 폰토스(바다)를 낳았다.

이렇게 우주가 생겨난 후 가이아는 우라노스와 어울려 자녀를 낳았다.

---

2) 참고한 책
　① 아폴로도로스 지음/천병희 옮김 : 원전으로 읽는 그리스 신화. 경기도(숲출판사) 2004. 19-25쪽. 418-422쪽 참조.
　② 오비디우스 지음/천병희 옮김 : 원전으로 읽는 변신 이야기. 숲 2006. 29-33 쪽.
　③ 토마스 벌핀지 지음/이윤기 옮김 : 그리스와 로마의 신화. 대원사 1996. 41-43쪽

처음에는 브리아레오스, 귀에스, 콧토스를 낳았다. 그들은 각각 백 개의 손과 쉰 개의 머리를 가졌기 때문에 크기와 힘에 있어서 그들을 능가할 자는 아무도 없었다. 이들을 헤카톤케이레스, 즉 백 개의 손을 가진 자들이라고 불렀다.

다음에는 아르게스, 스테로페스, 브론테스를 낳았다. 그들은 각자 이마에 외눈을 갖고 있었다. 그래서 이들을 퀴클롭스, 즉 눈이 둥근 식인 거한이라 불렀다. 아버지 우라노스는 그 모습이 마음에 안 들어서인지 그들을 묶어 저승의 지하 감옥인 타르타로스(Tartaros)에 던져버렸다.

다음에는 티탄 신족이라고 부르는 12명의 자녀를 낳았는데, 남신(티타네스) 6명과 여신(티타니데스) 6명이다. 남신들의 이름은 오케아노스, 코이오스, 휘페리온, 크레이오스, 이아페토스 그리고 막내인 크로노스이고, 여신들의 이름은 테튀스, 레아, 테미스, 므네모쉬네, 포이베 그리고 테이아이다.

두 번째 자식인 퀴클롭스들을 아버지 우라노스가 저승의 지하 감옥으로 던져버린데 대해 분노한 어머니 가이아는 티탄 신족을 설득해서 아버지를 공격하게 한다. 막내 크로노스한테는 강철로 무기를 만들어 준다. 그러자 오케아노스를 제외한 티탄 신족 모두는 우라노스를 공격했고, 크로노스는 아버지의 남근을 잘라 바다에 던져버렸다. 그때 흘러내리는 핏방울에서 복수의 여신들인 알렉토와 티시포네와 메가이라가 태어난다. 티탄 신족은 아버지를 권좌에서 축출한 다음

「자식을 잡아먹는 크로노스」(1819~1823) - 프란시스코 데 고야(에스파냐)

크로노스에게 통치권을 넘기고, 타르타로스에 내던져진 형제들을 데려온다. 그러나 크로노스는 데려온 형제들을 묶어 다시 타르타로스에 가두어 버린다.

크로노스는 누이인 레아와 결혼해서 자녀들로는 헤스티아, 데메테르, 헤라, 플루톤, 포세이돈을 낳았으나 자식들에 의해 권좌에서 축출될 것이라는 가이아와 우라노스의 예언 때문에 자식들이 태어나는 대로 모두 삼켜버린다.

분개한 레아는 제우스를 잉태했을 때 크레타 섬으로 가서 딕테 산에 있는 동굴에서 해산을 한다. 그리고 자신의 시종 쿠레테스와 멜릿세우스의 딸들인 요정 아드레아아와 이데에게 아이를 기르도록 한다.

요정들은 염소의 젖으로 아이를 길렀고, 쿠레테스는 크로노스가 아이의 목소리를 듣지 못하도록 창으로 방패를 치며 완전 무장한 채 동굴에서 아이를 지켰다. 한편 레아는 돌덩이를 포대기에 싸서 갓난아기인 양 크로노스에게 삼키라고 건네주었다.

장성한 제우스는 숙부 오케아노스의 딸 메티스의 도움을 받게 된다. 그녀는 크로노스에게 약을 주어 그 약을 삼킨 크로노스로 하여금 먼저 돌덩이를 토하게 하고 다음에 그가 삼킨 자식들을 토하게 한 것이다. 제우스는 그들의 도움으로 크로노스 및 티탄 신족과 전쟁을 시작했다. 그들이 10년 동안 전쟁을 계속하자 할머니 가이아는 제우스에게 타르타로스(무한지옥)에 내던져진 숙부들을 동맹자로 삼는다면 승리할 수 있다는 예언을 한다. 이에 제우스는 그들을 감시하고 있던 캄페를 죽이고 그들을 풀어 주었다. 자유로워진 퀴클롭스들은 제우스에게 천둥과 번개와 벼락을, 플루톤에게 투구를, 포세이돈에게는 삼지창을 주었다. 그들은 퀴클롭스에게서 받은 것들로 무장을 하고 티탄 신족을 제압하여 타르타로스에 가두고 헤카톤케이레스들을 그들의 감시자로 임명했다. 그리고 제비를 뽑아 자기들끼리 권력을 나누니 제우스에게는 하늘의 통치권이, 포세이돈에게는 바다의 통치권이, 플루톤에게는 저승의 통치권이 주어졌다.

이렇게 해서 크로노스를 중심으로 한 12명의 티탄 신들 시대는 끝난다. 그리고 제우스를 주신으로 하는 12명의 올림포스[3] 신들의 시대가 열린다. 그들의 이름은 1. 천지를 지배하는 주신 제우스 Zeus 2. 제우스의 누이이자 아내로 신들의 여왕 헤라 Hera 3. 바다의 신 포세이돈 Poseidon 4. 곡물의 성숙을 주관하는 대지의 여신 데메테르 Demeter 5. 전령이자 나그네의 수호신 헤르메스 Hermes 6. 화산과 대장간의 신 헤파이스토스 Hephaestos 7. 태양신이자 음악의 신 아폴론 Apollon 8. 아름다움과 사랑의 여신 아프로디테 Aphrodite 9. 달과 사냥과 출산의 여신 아르테미스 Artemis 10. 전쟁의 신 아레스 Ares 11. 술의 신 디오니소스 Dionisos 12. 지혜와 전쟁의 여신 아테나 Athena 이다.

미국의 월터 아트 박물관에 소장되어 있는 고대 헬레니즘 시대의 유물로 올림푸스 12신을 묘사하고 있다. 왼쪽부터 차례로 헤스티아, 헤르메스, 아프로디테, 아레스, 데메테르, 헤파이스토스, 헤라, 포세이돈, 아테나, 제우스, 아르테미스, 아폴론.

---

3) [네이버 지식백과] 올림포스산 [Olympos Mt., 一山] (두산백과). 이들이 산다고 전해지는 올림포스 산은 그리스 북부에 있는 테살리아 지방과 마케도니아의 경계에 있는 높이 2,917m의 산으로 정상은 1년 중 9개월이 눈에 덮여 있다고 한다. 참고로 우리나라 백두산은 높이 2,744m.

2) 인간의 탄생신화

12명의 티탄 신족은 수많은 자손들을 낳았다. 그 가운데 이아페토스의 자녀들로는 아틀라스, 프로메테우스, 에피메테우스 그리고 메노이티오스가 있었다. 크로노스의 티탄 신족과 제우스의 올림포스 신족 사이에 벌어진 10년 전쟁이 올림포스 신족의 승리로 끝나자, 형제들의 운명은 엇갈렸다. 아버지 이아페토스를 도와 티탄 편에서 싸웠던 아틀라스는 어깨로 하늘을 떠받치는 벌을 받았고, 메노이티오스는 제우스의 벼락을 맞고 지하의 암흑세계인 타르타로스에 던져졌다. 이 패배로 인해 이아페토스를 비롯한 대부분의 티탄 신들도 타르타로스에 유폐되었고 세상에는 올림포스 신들의 시대가 열렸다. 앞일을 미리 알 수 있는 능력을 가진 프로메테우스는 에피메테우스와 함께 제우스 편에서 싸워 그 공을 인정받아 제우스로부터 주요 임무를 부여받았다. 그 임무는 인간을 창조하고, 인간과 다른 동물들에게 삶을 영위할 수 있는 재주를 한 가지씩 나누어 주는 일이었다.

프로메테우스는 천상의 빛과 대기를 품고 있는 아이테르에서 이제 막 떨어져 나온, 그래서 아직 하늘의 씨앗을 간직하고 있는 대지에서 흙을 조금 취하여 물을 붓고 이겨서 신들의 형상과 비슷한 인간을 만들었다. 에피메테우스는 그러나 깨달음이 늦고 충동적인 탓에 계획성 없이 동물들에게 재주를 나누어주어서 인간의 차례가 되었을 때는 아무것도 남은 것이 없었다. 당황한 그는 프로메테우스를 찾아가 도움을 청했다. 프로메테우스는 동생의 잘못으로 인간이 동물들의 위협 속에서 생명을 유지하기 어렵게 되자 신의 세계에서 불을 훔쳐 인간에게 전해 주었다. 인간은 이 선물 덕택에 다른 동물들이 감히 넘보지 못할 존재가 되었다.

제우스는 프로메테우스가 불을 훔쳐 인간에게 준 사실을 알고 대단히 분노했다. 그는 자신의 아들인 화산과 대장간의 신 헤파이스토스에게 프로메테우스를 세계의 끝에 있는 카우카소스 산에 끌고 가서 그곳 바위에 쇠사슬로 꽁꽁 묶어놓도록 명령했다. 그리고 날마다 독수리가 내리 덮쳐 그의 간을 파먹는 고통을 당하게 했다. 파먹힌 간은 밤이 되면 도로 자라났다. 이것이 프로메테우스가 불을 훔쳐 인간에게 준 죄로 받은 벌이었다.

프로메테우스의 신화를 묘사하고 있는 고대 그리스 유물

제우스는 이들과 인간을 벌하기 위하여 이번에는 여자를 만들어 에피메테우스에게 보냈다. 최초로 만들어진 여자의 이름은 판도라였다. 판도라는 천상에서 만들어져 신들로부터도 선물을 하나씩 받았다. 아프로디테에게서는 아름다움을, 헤르메스에게서는 설득력을, 아폴론에게서는 음악을 받았다. 완벽한 모습으로 지상에 내려온 판도라를 보고 그 아름다움에 반한 에피메테우스는 제우스가 주는 어떠한 선물에도 응하지 말고 주의하라는 프로메테우스의 충고에도 불구하고 아내로 삼아버렸다.

에피메테우스의 집에는 단지가 하나 있었다. 그 안에는 몹쓸 것들이 들어 있었다. 인간에게 새로운 주거 환경을 만들어 줄 당시에는 필요 없는 것들이어서 그 안에다 넣어 두었던 것이다. 판도라는 호기심이 강한 여자였다. 그 안에 무엇이 있을까 하고 궁금해 하다가 도저히 참지를 못하고 어느 날 뚜껑을 열고 안을 들여다보았다. 그러자 단지 안에서 인간에게 몹쓸 재앙들, 즉 질투, 원한, 복수심 같은 것들이 나와 사방팔방으로 흩어졌다. 모든 악이 세상에 퍼지게 되었다. 놀란 판도라는 급히 뚜껑을 덮었다. 단지 안에는 딱 한 가지가 남아 있었다. 바로 '희망'이었다. 오늘날까지도 인간에게 유일하게 남아있는 이 '희망'이 온갖 역경 속에서도 인간에게 위안을 주고 있는 것이다. 이렇게 해서 인간은 이 세상에서 네 개의 시대를 거치면서 생을 꾸려가게 되었다.

「판도라의 탄생」(1791~1804) - 제임스 배리(아일랜드)

첫 번째는 황금의 시대였다. 벌주는 자도 없고, 법이 없어도 모두들 스스로 신의를 지키고 정의로운 일을 행했다. 두 번째는 은(銀)의 시대였다. 황금시대만은 못했으나 청동시대보다는 나았다. 일 년을 추운 겨울과 더운 여름, 변덕스런 가을과 짧은 봄의 네 계절로 나누었다. 세 번째로 청동의 시대였다. 마음씨가 거칠어지고 쉽게 무서운 무기를 들기는 했으나 범죄와는 거리가 멀었다. 마지막으로 온 것은 단단한 철의 시대였다. 저급한 금속의 시대가 되자 지체 없이 온갖 불법이 쳐들어 왔다. 부끄러움과 진실과 성실은 온데간데없었다. 그 자리에는 기만과 술책과 음모와 폭력과 저주받을 탐욕이 들어찼다. 경건함이 패하여 쓰러져 눕자, 정의의 여신 아스트라이아(제우스의 둘째부인 테미스의 딸)가 하늘의 신들 중 마지막으로 살육의 피에 젖은 대지를 떠났다.

제우스는 세상 돌아가는 모습을 보고 몹시 분노하고 상심했다. 그는 신들을 불러 모아 더 이상 두고 볼 수 없는 지상의 인간 타락상을 설명하고 이어서 이들을 하나도 남기지 않고 쓸어버리겠다고 했다. 그리고 이전 종족과는 다른 경이로운 기원에서 유래한 새로운 인류를 약속했다. 신들은 찬성의 뜻을 표했다. 제우스는 인간들을 쓸어버리기 위해 벼락을 쳐서 세상을 태워버리려 했다. 그러나 세상에다 불을 질러놓으면 천상의 세계도 무사하지 못할 것이라는 생각이 들었다. 그래서 계획을 바꾸어 세상을 물바다로 만들어 버리기로 했다. 하늘을 먹구름으로 덮자 사방에서 모여든 구름이 서로 부딪히면서 하늘은 순식간에 굉음의 아수라장으로 변했다. 이어서 장대비가 폭포수처럼 쏟아지기 시작했다. 제우스는 포세이돈에게도 바다와 강을 모조리 뒤엎어 가세해 줄 것을 부탁했다. 부탁을 받은 포세이돈은 강을 범람시키고 그 물을 대지로 쏟아 보냈다. 바다는 엄청난 힘으로 언덕들을 덮었고, 낯선 파도들이 산꼭대기들을 들이쳤다. 인간과 동물들 대부분이 물에 빠져 죽었고, 간신히 살아남은 것들도 식량 부족으로 굶어 죽었다.

프로메테우스에게는 데우칼리온이라는 아들이 있었다. 그는 판도라가 에피메테우스에게 낳아준 딸 퓌르라와 결혼했다. 제우스가 인간을 없애려 했을 때 데우칼리온은 프로메테우스의 조언에 따라 방주를 만들어 생필품을 싣고 퓌르라와 함께 거기에 몸을 실었다. 제우스가 비를 억수로 쏟아 부어 대부분의 헬라스 땅을 물에 잠기게 하자 인근의 높은 산들로 피신한 소수를 제외하고는 모든 사람이 죽었다. 간신히 살아남은 인간도 오랜 기근으로 굶어 죽었다. 데우칼리온과 퓌르라는 방주를 타고 아홉 밤 아홉 낮 동안 바다 위를 떠다니다가 파르낫소스 산(山)에 닿았다. 그곳에 이르러 비가 그치자 그들은 뭍에 올랐다. 데우칼리온은 의로운 사람이었고, 퓌르라는 신들을 잘 섬기는 사람이었다. 제우스는 이 부부 이외는 살아남은 인간이 하나도 없음을 보았다. 흠잡을 데 없이 의롭고 경건하게 살아 온 이들에게 제우스는 북풍에게 구름을 걷고 땅에서는 하늘이, 하늘에서는 땅이 보이게 하라고 명령했다. 포세이돈도 아들 트리톤에게 뿔고동 나팔을 불게 하여 물을 물러가게 했다.

데우칼리온은 아내 퓌르라에게 말했다. "오, 아내여, 홀로 살아남은 여인이여, 처음에는 나와 혈연으로 맺어지더니, 이제 공동의 위기에 맞서 다시금 맺어진 아내여, 우리에게 내 아버지 프로메테우스 같은 능력이 있어서 아버지께서 이 세상 인간을 지으신 것처럼 우리 종족을 새롭게 지어낼 수 있다면 얼마나 좋겠소. 허나 우리에게 어찌 그런 일이 가능하겠는가? 저기 보이는 신전으로 가서 장차 우리가 어찌해야 좋을지 물어 봅시다." 두 사람은 신전으로 들어갔다. 신전은 진흙으로 잔뜩 더러워져 있었다. 제단에는 타던 성화도 꺼진지 오래였다. 두 사람은 제단 근처 땅에 엎드려 질서와 정의의 여신 테미스(제우스의 둘째 부인)에게 멸망한 인간을 다시 세울 수 있는 방법을 가르쳐달라고 간곡하게 기도했다. 그러자 "얼굴을 가리고 옷을 벗고 이 신전에서 나가 너희 어머니의 뼈를 등 뒤로 던져라" 하는 신탁이 내렸다.

두 사람은 이 신탁에 한동안 갈피를 잡지 못했다. 아내 퓌르라가 침묵을 깨고 한탄했다. "저희는 이 신탁을 따를 수 없습니다. 어찌 감히 어머님의 유체(有體)를 훼손할 수 있겠습니까?" 두 사람은 숲속의 어두컴컴한 나무 그늘로 들어가 신탁의 의미를 곰곰이 생각해 보았다. 이윽고 데우칼리온이 말했다. "여신이 말씀하신 어머니란 대지요, 뼈들이란 대지에 들어있는 돌들일 것이오. 내 생각이 틀릴 수도 있으나 한번 시도나 해봅시다." 두 사람은 얼굴을 가리고 옷을 벗은 다음 돌을 집어 등 뒤로 던졌다. 그러자 돌은 말랑말랑한 덩어리가 되어 물체의 형체를 취하기 시작했고 이어서 엉성하긴 하나 인간의 형상에 가까워지기 시작했다. 데우칼리온이 던진 돌들에서는 남자가 태어나고 퓌르라가 던진 돌들에서는 여인들이 태어났다. 이렇게 해서 튼튼하고 노동에 잘 적응할 수 있는 새로운 인류가 탄생하게 되었다.

오랜 세월이 흐른 뒤 제우스의 아들 헤라클레스가 자식을 죽인 죄를 정죄받기 위해 12년간 고난에 찬 과업을 수행하는 도중 코카서스 산을 지나가다가 프로메테우스의 간을 쪼아 먹고 있는 독수리를 보고 활을 쏘아 떨어뜨린다. 그리고 결박된 프로메테우스의 쇠사슬을 끊어주었다. 제우스는 아들의 위업을 기뻐하며 프로메테우스의 해방을 승낙한다. 그 보답으로 앞을 내다보는 특출한 재능이 있는 프로메티우스는 제우스의 미래를 알려준다. 제우스는 그 당시 해신 네레우스의 수많은 딸들 중 가장 아름다운 처녀 테티스의 미모에 반해 유혹하려 했지만, 그녀가 낳은 아들이 아버지보다 더 위대해질 것이라는 프로메테우스의 예언을 듣고는 두려운 마음에 서둘러 테살리아의 왕 펠레우스와 결혼을 시킨다. 이 둘 사이에서 아킬레우스가 태어난다. 그는 트로이 전쟁에서 가장 뛰어난 활약을 했던 영웅이다.

고대 그리스 유물에서 묘사된 헤라클레스.

고대 그리스 유물에서 묘사된 아킬레우스와 헥토르.

이들 신화는 서양문학의 원천으로 이야기되는 호메로스(Homeros, BC 800?~BC 750)의 장편 서사시 『일리아스』와 『오디세이아』의 배경이 되고 있다. 『일리아스』는 트로이의 별명 일리오스(Ilios)에서 유래한 것으로, '일리오스 이야기, 즉 트로이 이야기'라는 뜻이고,[4] 『오디세이아』는 트로이 원정에 성공한 영웅 '오디세우스의 이야기'라는 뜻이다.

테살리아의 왕 펠레우스(훗날 아킬레우스의 아버지)와 바다의 요정인 테티스[5]의 결혼식에 불화의 여신 에리스는 초대를 받지 못했다. 분노한 그녀는 "가장 아름다운 여신에게"라고 쓰인 황금 사과를 연회장의 테이블 위에 던져 놓는다. 세 여신, 즉 제우스의 아내이자 신들의 여왕 헤라, 제우스의 딸이자 지혜의 여신 아테나, 미의 여신 아프로디테가 그 사과를 요구했다.

여신들의 다툼에 휩쓸리는 것을 두려워한 제우스는 트로이 근처 이다 산(山)에서 목동생활을 하고 있는 트로이 왕자 파리스에게 그것을 결정하도록 했다. 이에 전령의 신 헤르메스는 황금사과와 함께 세 여신을 파리스에게 데리고 가서, 어느 여신이 가장 아름다운가를 판정하도록 하라는 제우스의 명령을 전한다.

이때 여신 헤라는 권력을, 여신 아테나는 전쟁에서 영광과 성공을, 여신 아프로디테는 세상에서 가장 아름다운 여인을 그의 아내로 주겠다고 제의했다. 파리스는 심사에서 아프로디테를 가장 아름다

---

4) [네이버 지식백과] 일리아스 [Ilias] (두산백과)

5) 아폴로도로스 지음/천병희 옮김 : 원전으로 읽는 그리스신화. 도서출판 숲 2006. 27쪽.
가이아와 폰토스의 자손인 네레우스는 50명의 딸들을 가졌는데, 모두 빼어난 미모의 바다 요정들이다. 그 중 암피트리테는 포세이돈의 아내가 되고, 테티스는 펠레우스와 결혼하여 아킬레우스의 어머니가 된다.

운 여신으로 판정을 내린다. 파리스는 그 대가로 헬레네를 얻게 되지만 다른 두 여신으로부터는 영원히 증오를 받게 된다. 하지만 파리스에게 주어진 최고의 미녀는 스파르타의 왕 메넬라오스의 아내 헬레네였다. 아내를 납치당한 메넬라오스는 분노를 참을 수 없어 곧바로 전쟁을 일으킨다. 메넬라오스의 형 아가멤논을 총사령관으로 그리스 군대는 에게 해(海)를 건너 트로이로 쳐들어간다. 그리스 연합군의 영웅으로는 아킬레우스와 오디세우스 그리고 트로이군의 영웅으로는 헥토르와 아이네이아스가 10년 동안 치열하게 전쟁을 치르면서 결국 트로이는 멸망하게 된다. 아킬레우스는 전사하지만 오디세우스는 승리를 거두고 고향 이타카 섬으로 돌아가 아내 페넬로페와 아들 텔레마코스를 만난다. 트로이 전쟁에서 10년, 귀향하면서 10년, 모두 20년이란 긴 세월을 이겨내며 가족을 찾아가는 오디세우스와 변함없이 남편을 기다리는 가족의 이야기는 무척 감동적이다. 트로이의 장군들 중 헥토르는 전사하지만 살아남은 아이네이아스는 에게 해를 지나 지중해로 나가 이탈리아로 가서 로마를 건국하는 시조가 된다.

＊＊＊

호메로스는 오디세우스 이야기를 『오디세이』란 제목으로 남겼지만, 호메로스보다 800여 년 늦게 로마의 작가 베르길리우스(BC 70~BC 19)는 아이네이아스(Aeneas) 이야기를 『아이네이스 Aeneis』란 제목으로 남겼다. 이 작품은 로마의 국가 서사시가 되었다. 당시는 아우구스투스(출생 BC 63. 재위 BC 27~AD 14) 황제 시대였으며, 베르길리우스, 호라티우스(BC 65~BC 8), 리비우스(BC 59?~AD 17) 등의 문인들이 활동했던 로마 문학의 황금시기로 일컬어진다. 이처럼 로마의 신화는 그리스 신화에서 성장한 것이다. 그래서 독자적인 로마 신화는 생각할 수 없고 그리스 신화와 함께 '그리스 로마 신화'라고 불린다.

그러나 아우구스투스 황제 때 유대(이스라엘) 땅에서 태어나 하늘의 복음을 전도하다가 티베리우스(출생 BC 42, 재위 AD 14~AD 37) 황제 때 로마 총독 본디오 빌라도(재임기간, AD 26~AD 36)에게 반역죄로 처형당한 예수라는 인물이 있었다. 그가 죽은 후 예수 그리스도교는 사도(使徒)들에 의해 지중해 여러 나라를 거쳐 로마에 등장한다. 그러나 로마는 이미 그리스의 여러 신을 이름만 라틴어로 바꾸어 받아들였고 또 황제를 숭배하고 있었다. 하느님이란 유일신을 믿는 그리스도교는 초반에 이교도 취급을 받으며 가혹하게 박해를 당한다. 그러다가 AD 313년 콘스탄티누스 황제에 의해 정식 종교로 인정을 받고, AD 391년 테오도시우스 황제에 의해 마침내 로마의 국교가 된다. 그리스 문화는 로마에서 점차 자취를 감추게 되고, 로마는 그리스도교 국가로 변하게 된다. 연대도 예수의 탄생을 기점으로 하는 Anno Domini(주님의 해)의 첫 글자를 따서 AD를 쓰고, 이전의 연대는 before Christ(예수 탄생 전)의 첫 글자 BC를 쓰게 되었다.

***

위의 그리스 신화 이야기는 전 세계의 수많은 젊은이들에게 감동과 영향을 주었다. 독일인 하인리히 슐리만 Heinrich Schliemann(1822~1890)도 어려서부터 호메로스의 서사시를 접하고 깊은 감동을 받는다. 그는 그 서사시를 단순한 이야기로만 보지 않고, 역사적 사실을 다루고 있다고 믿었다. 불타고 멸망해버린 트로이 성의 흔적이 지하 어딘가에 매장되어 있으리란 생각을 하고 발굴을 꿈꾸었다. 젊은 나이에 장사로 돈을 벌어 백만장자가 된 그는 마침내 발굴에 착수한다. "그가 발굴한 장소는 이타카, 트로이, 미케네, 티린스 지역이다. 이렇게 해서 그는 BC 2000년경의 에게 해(海) 세계를 되살려낸 그리스 선사고고학의 아버지가 되었다."[6] 에게문명의 존재는 19세기 중엽 슐리만이 발굴하기 전까지는 전혀 알려지지 않았다. 발굴을 통해 알려진 에게문명은 크레타 섬의 크레타 문명, 그리스 본토의 미케네 문명, 소아시아(오늘날 터키) 서해안의 트로이 문명으로 이루어져 있었다. 이처럼 서사시에 등장하는 지역들은 밝혀졌지만, 그리스 군과 트로이 군의 전쟁이 실제로 있었다는 주장은 그 전쟁이 역사적 사실이었음을 뒷받침해 줄 만한 어떤 발굴도 찾아볼 수 없기 때문에 그것은 단지 호메로스의 서사시에 그려진 신화라는 주장과 오늘날까지도 서로 맞서고 있다.[7]

3) 그리스와 마케도니아 사이 분쟁

제2차 세계대전 후 발칸반도에 세르비아를 중심으로 슬로베니아,

---

6) 에르베 뒤셴 저/김정희 옮김 : 트로이. 프리아모스의 보물. 시공사 2011. 15쪽.
7) 에르베 뒤셴 저/김정희 옮김 : 트로이. 프리아모스의 보물. 시공사 2011. 134쪽.

크로아티아, 보스니아-헤르체고비나, 몬테네그로, 마케도니아의 여섯 공화국이 요시프 브로즈 티토(크로아티아 출신, 1892~1980)의 지도아래 "유고슬라비아 사회주의 연방공화국"을 수립한다. 세르비아에는 보이보디나(Vojvodina)와 코소보(Kosovo)란 2개의 자치주가 있다. 1980년 5월 유고슬라비아의 초대 대통령 티토가 사망한 뒤 유고연방은 집단지도체제로 바뀌어 각 공화국에서 차례로 대통령을 뽑는 혼란스런 상황이 계속된다. 1989년 11월 독일의 베를린 장벽이 붕괴되면서 공산정권이 무너진다. 그 뒤를 이어 동유럽 공산정권들도 차례로 붕괴되기 시작한다. 유고연방을 유지하려는 세르비아와 유고연방에서 떨어져 나와 독립하려는 각 공화국들은 격렬한 전쟁과 갈등을 겪는다. 이러한 과정을 거쳐 1991년부터 이들 국가들이 차례로 독립을 선언하면서 유고연방은 여섯 나라로 분리된다. "유고슬라비아 사회주의 연방공화국"이라는 명칭은 역사 속으로 사라진다. 마케도니아도 1991년 9월 마케도니아 공화국(Republic of Macedonia)이라는 이름으로 독립을 선포했다. 면적은 2만5천km²이고, 인구는 200만 명, 수도는 스코페이다.

원래 마케도니아는 고대 그리스(헬라스) 왕국의 일부였다. 알렉산드로스 대왕(재위, BC 336~BC 323) 때 유럽과 아시아, 아프리카에 이르는 대제국을 건설했다. 그러나 대왕이 죽은 후 분열을 거듭하다가 BC 146년 로마에 의해 정복되어 지배를 받다가 4세기에는 동로마의 수중에 들어간다. 그후 6~7세기에 걸쳐 남슬라브 인들이 발칸반도로 이주해 오면서 그리스 민족이 대부분이던 마케도니아의 주민 구성이 크게 바뀐다. 9세기 말에서 10세기 초에는 불가리아 왕국과 동로마 사이에 마케도니아를 뺏고 뺏기는 전쟁이 벌어졌으나 동로마가 승리하면서 다시 마케도니아를 지배하게 된다. 14세기에는 세르비아 왕국이 동로마로부터 마케도니아를 빼앗아 지배하게 된다. 그러나 1389년에 세르비아 왕국은 코소보 전투에서 오스만제국(터키)에 패배하면서 마케도니아는 오스만제국의 지배 아래 들어간다. 이 지배는 약 500년 지속되다가, 18세기 말에 들어와 보스니아, 세르비아, 몬테네그로 그리고 범 슬라브주의를 표방하는 러시아와의 전쟁에서 패배하고 발칸반도에서 오스만제국은 영향력을 잃게 된다. 오스만제국에서 해방된 각 공화국들은 독립을 쟁취했으나, 마케도니아의 독립은 불가리아, 그리스, 세르비아 등의 방해로 좌절된다. 역사적으로 마케도니아를 지배한 적이 있었던 이들 나라들은 마케도니아 지배권을 놓고 1912년과 1913년의 1·2차 발칸전쟁을 치른다. 이 전쟁에서 승리한 그리스, 세르비아의 연합국과 패전국 불가리아는 루마니아의 수도 부카레스트에서 맺은 조약에 따라 마케도니아 영토를 그리스가 남부 마케도니아 대부분을, 세르비아가 북부 마케도니아를, 불가리아는 마케도니아 북동부를 차지해서 5:4:1의 비율로 최종 분할한다. 마케도니아를 차지하여 발칸반도의 강국이 되려던 불가리아의 야심은 좌초되고 주변국에 대한 적대감만 남게 되었다.

　제1차 세계대전이 끝난 뒤 세르비아에 편입되었던 마케도니아인들은 세르비아의 동화정책과 이주로 인해 정체성 상실의 위기를 맞는다.

제2차 세계대전 이후 유고 연방의 초대 대통령 티토가 연방 내에서 세르비아의 영토 확장을 억제하고 대외적으로는 불가리아의 야망을 견제하기 위하여 마케도니아의 독립을 적극 지원하였다. 이와 같이 길고도 험난한 과정을 거쳐 마침내 유고 연방을 구성하는 공화국의 하나로 마케도니아 공화국(Republic of Macedonia)이 수립된 것이다.

한편 그리스 쪽에 편입된 마케도니아는 3개의 행정구역으로 나뉘어져 그리스 전체 13개 행정구역의 일부가 되었다. 동부 마케도니아와 트라키 주(East Macedonia and Thrace), 중부 마케도니아 주(Central Macedonia) 그리고 서부 마케도니아 주(West Macedonia)가 그것이다. 그리스는 마케도니아 공화국이 국민투표를 통해 독립을 선포하고, 유럽연합(EU)에 승인을 요청해 오자 마케도니아 측에 '마케도니아'란 국명을 포함하여 그리스 역사와 관련된 용어와 서술을 포기하도록 강력하게 요구한다. 이로써 양국 간에 심각한 외교 분쟁이 발생하게 된다.

그리스는 "마케도니아 공화국"이 "마케도니아"라는 나라 이름으로 그리스 영토에 대한 야망을 드러낸 것으로 보고, 지역안정을 위해 현 국경선 유지와 "마케도니아" 국명 변경을 주변국과 유럽연합에 요구했다. 그리스는 마케도니아가 알렉산드로스 대왕의 마케도니아 왕국으로 거슬러 올라가는 역사적인 기원을 내세워 그리스 북부 지역에 대해 주권을 주장하지 않을까 우려하고 있는 것이다. 이에 대해 마케도니아 정부는 "마케도니아"라는 국명이 과거 수세기 동안 사용되어 온 국호이고 구 유고슬라비아 연방에서도 '마케도니아 공화국'이라는 고유의 국명을 사용하여 왔다면서 그리스의 주장을 일축하고, 국명 변경 또한 거절하였다.

1993년 마케도니아는 고대 마케도니아 왕국시절 베르이나(고대의 베르기나)지방의 왕릉에서 발굴한 "베르기나의 태양"이라는 문양을 국기로 채택하고, 이어 영토 회복주의에 기초한 '대(大) 마케도니아'(Great Macedonia)와 그리스 문화유산에 대한 권리 주장이 담긴 국정교과서를 발간했다. 그후 마케도니아는 미국의 지원을 받아 국제연합(UN)에 마케도니아의 독립과 국가 승인을 요청했다. 국제연합은 1993년 중재안으로 '구 유고슬라비아 마케도니아 공화국'(the former Yugoslav Republic of Macedonia : FYROM)이란 임시 국명을 정해 마케도니아의 국가 등록을 승인하였다.

이에 반발한 그리스는 1994년 마케도니아와의 모든 외교 관계를 끊고 인도주의적 원조를 제외하고는 마케도니아로 오가는 모든 물품에 대해 자국의 테살로니키(Thessaloniki) 항구 사용을 금지시키고 수출입을 봉쇄하였다. 항구가 없는 마케도니아 공화국은 극심한 경제적 타격을 받게 된다. EU 등 국제사회의 중재와 압력 속에 1995년 양국은 관계 정상화에 합의하는 협약을 맺는다. 그리스는 EU 회원국이고, 마케도니아도 EU 회원국 후보로 올라있기 때문에 두 나라의 분쟁은 전쟁까지는 가지 않고 EU의 중재를 받아들인 것이다. 주요 내용은 마케도니아가 국기를 비롯해 그리스의 문화와 역사적 전통에 관련된 상징물 사용을 중단하고 민족 감정과 갈등을 조장하는 헌법 조항을 개정하는 것이었고, 그리스는 마케도니아에 대한 무역 제재를 철회하는 것이었다. 그러나 양국이 가장 첨예하게 대립하고 있는 국명에 대해서는 합의를 이루지 못하고 국제연합의 감독 아래 협상을 계속한다고 명시하고 있으나 현재까지 해결을 보지 못하고 있다.

베르기나의 태양

1977년 그리스 고고학자 마놀리스 안드로니코스가 마케도니아 지방의 베르이나(고대의 베르기나)에서 왕릉을 발굴하는 중에 황금상자에서 발견하였다. "베르기나의 태양"으로 부르고 있음. 마케도니아와 그리스는 이 문양을 서로가 자신들의 국가 상징으로 여겨 갈등의 대상이 되고 있다.

현재의 마케도니아 국기

　　1991년 9월 "유고슬라비아 사회주의 연방공화국"에서 독립할 때 제정한 국기는 "베르기나

의 태양"을 본뜬 16개의 햇살을 지닌 태양이었으나, 그리스가 마케도니아라는 국명이 그리스의

지방 명이므로 국호로서 사용할 수 없으며, 국기에 대해서도 알렉산드로스 대왕과 관련된 무늬

이므로 인정할 수 없다고 강력 반발하였다. 따라서 UN(국제연합)에서도 이 국기를 게양하지

않았고, 마케도니아도 그리스와의 분쟁을 해결하기 위해 1995년 햇살을 8개로 줄이고 태양의

형태도 일부 수정했다.

VI. 로마

1. 로마

 기원전 1000년경 인도유럽어족의 일파가 북쪽에서 남하하여 이탈리아 각지에 정착했는데, 그 중 라틴인이라고 불리는 일파는 이탈리아 반도 중부의 서부연안 라티움에 정착했고, 다른 일파는 라티움의 북방, 동방, 동남방의 산악지대에 정착했다. 로마 건국전설에 등장하는 사비니인은 바로 이 산악 종족의 하나다. 이 두 종족의 공동체 결성이 로마시의 기원으로 추정되는데, 그것은 기원전 753년경의 일이었다.[1]

---

1) ① 조의설 감수 : 대세계사 제2권 시민과 영웅들. 로마의 이탈리아 제패(制覇). 242-244쪽. 건국설화. ② dtv-Atlas zur Weltgeschichte. Von den Anfängen bis zur Französischen Revolution.

로마의 역사는 753년까지 지속되다가 그 다음해부터는 754년이라고 쓰질 않고 Anno Domini(주님의 해)란 말의 첫 글자를 앞에 붙여 AD 1년으로 쓰기 시작했다. 그리스도교가 로마의 국교로 되면서 창시자 예수의 탄생 해를 새로운 기원으로 삼았기 때문이다. 1년부터 753년 까지의 역사는 Before Christ(그리스도 이전)란 말의 첫 글자를 앞에 붙여 BC 753년이라 부르고, 기원전의 역사를 의미하게 되었다.

로마에서 그리스도교가 국교로 받아들여지기까지는 당연히 긴 세월이 필요했다. 예수는 이스라엘에서 태어나 33세에 그곳에서 죽은 것으로 성경을 통해 추정되고 있다. 이후 제자들에 의해 그리스도교는 이스라엘을 넘어 이집트의 알렉산드리아, 시리아의 안티오키아(*오늘날 터키의 도시 안티카야), 소아시아(*오늘날 터키), 그리스, 마케도니아, 로마로 전파되었다. 로마 이전 지중해 연안 여러 나라를 지배했던 나라는 마케도니아의 알렉산드로스 대왕(재위 BC 336~BC 323)을 중심으로 한 그리스였다. 이 시절 지중해 연안의 국제 언어는 코이네(공통) 그리스어였다. 로마가 그리스 뒤를 이어 지중해 연안을 지배하면서 국제어는 그리스어에서 라틴어로 넘어간다. 그러다가 로마가 서로마와 동로마로 나누어지면서 언어도 서로마에서는 라틴어를, 동로마에서는 그리스어를 쓰게 된다.

성서도 국제공용어에 따라 그리스어, 라틴어로 번역된다. 『구약성서』

Band I. 1979. S.73. "Um 750 Gründung Roms, Später gilt der 21. April 753 Gründungsdatum und Beginn der Zeitrechnung."

는 BC 300년경 이집트의 알렉산드리아에서 그리스어로 번역되어『칠십인역 Septuagint 성서』라고 부른다. 예수는 히브리어의 방언인 아람어로 설교를 했으나 1세기 말에 나온『신약성서』는 그 설교를 제자들은 그리스어로 집필하고 있다. 라틴어 성서의 최초 번역은 4세기 말에『신약』그리고 5세기 초에『구약』이 나오는데, 이것을『불가타(공동번역) 성서』(Vulgata)라고 부른다.

『칠십인역』의 파편. 70인역은 예수의 시대에도 사용되었다. 현존하는 가장 오래된 그리스어역『구약성서』이며 72명의 학자가 공동작업을 통해 완성했다고 전해져서『칠십인역』이라 불린다.

예수가 태어났을 때 로마의 황제는 아우구스투스(재위 BC 27~AD 14)였고, 죽을 때의 황제는 티베리우스(재위 AD 14~AD 37)였다. 이후 제자들에 의해 그리스도교가 로마에 전도되었을 때 처음에는 박해를 받았다. 이유는 그리스도교가 황제 숭배를 거부했고, 로마가 그리스 문화를 받아들이면서 익숙해진 여러 신들을 이름만 라틴어로 바꾸어서, 즉 제우스를 읍피테르, 헤라를 유노, 아프로디테를 베누스, 아테나를 미

네르바 등으로 믿고 있었는데, 이를 거부하고 오로지 유일신 하느님만을 믿는 신앙 때문이었다.

그러다가 콘스탄티누스 서방 황제(재위 306~337)가 313년 그리스도교를 이교도에서 정식 종교로 인정하고 4인 황제체제로 어지러웠던 제국을 323년 단일 황제체재로 다시 통일한다. 250년 넘게 이교로서 박해를 받아왔던 그리스도교가 로마의 정식 종교로 인정을 받고, 황제는 그리스도 교인들로부터 대제로 존칭된다.

그리스도교가 로마의 국교가 된 것은 테오도시우스 1세(재위 379~395) 때 일이다. 378년 동방 황제 발렌스(재위 364~378)가 서고트족과의 전투에서 전사하자 서방 황제 그라티아누스(재위 375~383)는 379년 테오도시우스를 동방 황제로 임명한다. 테오도시우스는 로마군의 지휘관이었으나 374년 로마제국의 장군이었던 아버지가 궁정 내 음모에 휘말려 처형당하자 공직에서 물러나 고향 히스파니아(스페인)에서 은둔생활을 하고 있었다. 독실한 그리스도교도였던 그는 380년 그리스도의 완전한 신성을 긍정하는 아타나시우스파의 교리를 동방의 정통파 신앙으로 정하고, 그리스도의 완전한 신성을 부정하는 아리우스파는 이단으로 배척했다. 그리고 마침내 391년 그리스도교는 로마의 국가 종교로 선포되고 모든 이교의식은 금지된다.[2] 테오도시우스 1

---

2) dtv-Atlas zur Weltgeschichte. Von den Anfängen bis zur Französischen Revolution. Band I. 1979. S.103. *380 Das Edikt von Thessalonika verbietet den Arianismus im Osten. Der Athanasianismus wird Staatsreligion (Katholizismus). 391 Das Christentum wird Staatsreligion (Verbot aller heidnischen Kulte). (380년 테살로니카(*고대 마케도니아 도시) 칙령 : 동방에서 아리우스파

세도 그리스도교인들로부터 대제로 존칭된다.

황제 그라티아누스가 383년에 제위 찬탈자인 마그누스 막시무스에게 살해되고, 392년 그라티아누스와 공동 황제였던 배다른 동생 발렌티니아누스 2세(재위 375~392)가 의문의 죽음을 당하자 테오도시우스 1세는 394년부터 동서로마를 단독으로 지배한다. 테오도시우스는 395년 죽으면서 큰아들 아르카디우스(재위 395~408)에게 동로마를, 작은 아들 호노리우스(재위 395~423)에게 서로마를 물려준다. 서로마는 476년에 게르만의 용병대장 오도아케르에게 멸망을 당하고, 동로마는 1,000년을 더 지속하다가 1453년에 오스만 튀르크제국의 술탄 메메드 2세(재위 1451~1481)에게 멸망을 당한다. 이렇게 해서 로마제국은 역사에서 사라진다.

예수 탄생을 기점으로 서력기원이 만들어진 것은 서로마가 망하고 50년이 지난 525년이다. 제53대 교황 요한네스 1세(재위 523~526)의 요청으로 로마의 수도사이자 연대사가였던 디오니시우스 엑시구스가 만들었다. 이 연호는 그리스도교 국가들에서 차츰차츰 퍼져나가다가 "약 1000년경부터 유럽 전역에서 사용되었으며, 교황으로부터는

금지. 아타나시우스파가 국가종교로 되다. 391년 그리스도교가 국가종교로 되다(모든 이교의 예배의식 금지))"
Brockhaus Enzyklopaedie, Bd.17, Wiesbaden 1973, S.626, "Er berief das Zweite Ökumen. Konzil in Konstantinopel 381 ein, erklärte die kath. Lehre zur Staatsreligion und verbot 391/92 alle heidn. Kulte.(그는 제2회 공회의를 콘스탄티노폴리스에서 381년 소집해서, 가톨릭 교리를 국교로 선포했고, 391/92년에는 모든 이교 예배의식을 금지했다.)"

1431년 공식 승인을 받았다."[3] 대한민국에서 이 연호가 공용연호로 된 것은 1961년이다.

왼쪽부터 순서대로 아우구스투스, 콘스탄티누스, 테오도시우스 1세. 아우구스투스는 그리스도교의 부흥과 관련이 없는 인물이지만 초대 황제였던 그는 이후 200년간 로마가 누린 평화의 단초를 확립했다는 점에서 중요한 인물이다. 그로부터 300년 후 콘스탄티누스 황제가 그리스도교를 정식 종교로 인정한 후 다시 반세기가 흘러 테오도시우스 1세가 그리스도교를 로마의 국교로 선포한다.

---

3) 이정모 : 달력과 권력. 도서출판 부키 2009. 95쪽.

2. 로마의 건국신화[4]

1) 라틴인의 기원신화

그리스 연합군에게 트로이군(軍)이 패하자 살아남은 아이네이아스는 더 위대한 제2의 트로이를 건설하라는 신탁을 받고 가족과 패잔병들을 데리고 트로이를 탈출한다. 새로운 정착지를 찾아 트라키아, 델로스, 크레타 섬을 거쳐 선조들의 땅 이탈리아로 항해를 계속한다. 폭풍을 만나 카르타고에서 난파당하기도 하고, 그곳의 여왕 디도의 도

「디도의 죽음」(1631) - 구에르치노(이탈리아)

---

4) 참고한 책. ① 베르길리우스 지음 / 천병희 옮김 : 아이네이스. 도서출판 숲(서울) 2012. ② 오비디우스 지음 / 천병희 옮김 : 원전으로 읽는 변신 이야기. 도서출판 숲(서울) 2006. 646-694쪽.

움을 받고 잠시 사랑에 빠지기도 한다. 그러나 선조의 땅으로 가서 새로운 도시를 건설해야 한다는 주신(主神) 융피테르(*그리스의 제우스신)의 엄명에 따라 아이네이아스는 디도의 애원에도 불구하고 함대를 정비해 카르타고를 떠난다. 실연의 슬픔을 이기지 못한 여왕은 그가 떠나는 날 새벽에 스스로 목숨을 끊는다.

아이네이아스는 수많은 고난을 겪고 드디어 이탈리아의 중부를 흐르는 티베리스 강변에 도착한다. 강을 낀 넓은 지역은 라티움이라 불렸으며, 라티누스란 왕이 다스리고 있었는데, 자손으로는 라비니아란 딸이 하나 있었다. 시집갈 나이가 되어 수많은 젊은이들이 구혼 중이었다. 그 중 라비니아 부모에게 가장 호감을 사고 있는 젊은이는 라티움의 아르데아 시(市) 근처에 살고 있는 루툴리족의 왕 투르누스였다. 그러나 신들이 보낸 전조들은 소문이 되어 그것을 막았다. 공주의 운명과 명성은 찬란하게 빛날 것이나 백성들에게는 큰 전쟁이 닥칠 것이라고 예언자들은 노래했고, 또 이방인이 와서 왕의 사위가 될 것이라는 신탁도 있었다.

한편 아이네이아스는 도착한 곳에 얕은 도랑으로 성벽의 윤곽을 그리며 땅을 고르기 시작했다. 해안에 있는 이 첫 거주지에 병영 모양의 방벽과 둔덕을 둘렀다. 그러고 나서 라티니 족의 궁전으로 사절단을 보냈다. 이들은 라티누스 왕에게 자신들은 트로이를 탈주해 트로이 왕가의 시조인 다르다누스가 태어났던 이 도시를 신들이 정해준 운명대로 찾아왔으며 동맹 맺기를 원한다고 했다. 자신들의 왕 아이네이아스는 읍피테르 혈통이라고 했다. 망망대해를 헤치고 여기까지 온 이야기를 들은 라티누스 왕은 이 트로이 영웅이야말로 장래의 사위임이 틀림없다고 생각했다. 왕은 선물을 받으며 흔쾌히 동맹을 허락했다.

투르누스 왕은 이방인에게 장차 아내가 될 여인을 빼앗긴 모욕을 참을 수 없어 아이네이아스와 라티누스 왕을 상대로 전쟁을 일으킨다. 격렬한 전투가 벌어지고 양편은 큰 피해를 입지만, 결국은 아이네이아스가 투르누스의 가슴에 칼을 꽂으면서 전쟁은 끝난다.

아이네이아스의 용기는 모든 신들과 유노(*그리스의 헤라여신)조차 움직여 묵은 원한을 풀도록 만들었다. 그는 라티니족과 힘을 합쳐 라비니움(Lavinium)이란 도시를 세운 뒤 3년 동안 통치하다가 세상을 떠난다. 그의 아들 아스카니우스, 일명 이울루스는 아버지가 세운 라비니움을 통치하다가 로마의 동남쪽 알바산자락에 알바 롱가를 세우고 그곳으로 옮긴다. 그곳에서 자손들은 300년 동안 다스리다가 16대 왕에 누미토르가 등장한다.

2) 로마의 건국신화[5]

아이네이아스 왕으로부터 대대로 이어져 온 혈통이 누미토르와 아물리우스 형제의 대에 이르렀을 때였다. 동생 아물리우스는 형에게 자

---

5) 참고) 플루타르코스 지음 / 이성규 옮김 : 플루타르코스 영웅전 전집 (상) - 그리스와 로마의 영웅 50인 이야기. 현대지성 2016. - 로물루스 78-103 쪽.

신들이 받을 재산(트로이에서 가져온 황금과 보물)과 왕위를 서로 공평하게 나누어 갖자고 제안을 했다. 누미토르는 왕위를 선택했고, 아물리우스는 왕위 대신 재물을 갖게 되었다. 많은 재물을 갖게 된 아물리우스는 나중에 누미토르보다 세력이 더 커져서 결국 누미토르 왕국을 차지하게 되었다. 그리고 누미토르의 딸 레아 실비아가 아들을 낳아 왕위를 다시 빼앗을 것을 염려하여 그녀를 불의 여신 베스타의 사제로 만들어 평생 독신으로 지내게 하였다.

하지만 레아 실비아는 재단에 바칠 물을 길르러 신성한 숲으로 갔다가 전쟁의 신 마르스를 만나 그와 사랑을 나누게 되었다. 얼마 후 그녀가 쌍둥이 아들을 낳자 분노한 국왕 아물리우스는 두 아이를 티베리스강에 버리게 하였다. 아물리우스 시종들은 쌍둥이를 광주리에 넣어 강물에 띄어 보냈다. 하지만 홍수로 강물이 불어 광주리는 바다로 흘러가는 대신 상류인 팔라티누스 언덕 기슭에 있는 무화과나무 아래로 밀려갔다. 아기들이 이곳에 누워있을 때, 늑대가 와서 젖을 먹여주고, 또 딱따구리도 날아와 암 늑대와 함께 아이들을 지켜 주었다. 늑대와 딱따구리는 마르스에게 바쳐진 동물과 새였다. 마르스는 쌍둥이의 아버지이다. 아이들은 늑대의 젖을 먹고 자랐기 때문에 로물루스와 레무스라는 이름을 가지게 되었다.

얼마 뒤 두 아이는 왕의 가축들을 돌보는 목자 파우스툴루스에게 발견되었다. 그는 두 아이를 아무도 모르게 자기 집에 데려다 길렀다. 두 아이는 글도 배웠고, 수준 높은 교육도 받았다.

로마의 카피톨리니 박물관에 소장되어 있는 **로물루스와 레무스 조각상**

「**로물루스와 레무스 형제를 아내에게 데려오는 파우스톨루스**」(1654) - 피에르 미냐르(프랑스)

그들은 어릴 때부터 이름 높은 가문의 자녀들과 다름없었으며 커갈수록 더욱 씩씩하고 용맹스러워졌다. 특히 로물루스는 씩씩할 뿐 아니라 지혜로웠으며, 이웃 사람들과 교제하는 일에 뛰어났고, 어려서부터 지도자의 기질을 종종 발휘하였다.

어느 날 두 형제는 누미토르의 목동들과 싸움이 붙었다. 로물루스가 그들에게서 빼앗은 양떼를 몰고 집으로 돌아가는 사이에 레무스는 다시 공격해 온 누미토르의 목동들에게 붙잡히는 신세가 되었다. 누미토르는 레무스를 심문하다가 이들 쌍둥이 형제가 자신의 손자들일 수도 있다는 생각이 들었지만 더 이상 증거를 찾을 수는 없었다.

한편 뒤늦게 레무스가 붙잡혀간 사실을 알게 된 로물루스는 파우스툴루스와 함께 동생을 구출하기 위해 누미토르의 집으로 갔다. 이 과정에서 누미토르는 파우스툴루스로부터 쌍둥이의 출생에 관한 이야기를 듣고 그들이 레아 실비아가 낳은 자신의 손자들이란 사실을 확인할 수 있었다.

자신들의 출생과 관련된 모든 이야기를 듣고 난 로물루스와 레무스는 젊은이들을 규합하여 아물리우스의 궁전으로 쳐들어가 왕을 붙잡아 처벌하고 그간의 원한을 갚았다. 두 사람은 알바롱가의 왕권을 정당한 계승자 외할아버지 누미토르에게 넘겨 드리고, 자신들은 새로운 도시를 건설하기 위해 떠났다. 두 형제는 자신들이 목자에게 처음 발견되었던 장소에 도시를 건설하기로 뜻을 모았다.

두 형제는 도시 건설에는 같은 견해를 가지고 노력했지만, 장소를 정하는 일에서는 서로 마음이 맞지 않았다. 로물루스는 팔라티누스 언덕에 도시를 세우려 했지만, 레무스는 군사적으로 유리한 아벤티누스 언덕을 택했다. 의견이 일치하지 않자 그들은 새가 날아가는 것을 보고 점을 쳐서 장소를 결정하기로 하고 서로 멀리 떨어진 곳에 서서 날아가는 새를 보았다. 그때 레무스 쪽에는 여섯 마리의 독수리가 날아올랐는데, 로물루스 쪽으로는 그 두 배인 열두 마리의 독수리가 날아올랐다.

신들의 선택을 받은 로물루스는 즉시 황소 두 마리가 끄는 쟁기로 고랑을 파서 도시의 경계를 정하고 흙으로 성벽을 쌓기 시작하였다. 레무스는 하늘이 자신을 선택하지 않은 것에 화가 나 아직 완성되지 않은 로물루스의 성벽을 훌쩍 뛰어넘으며 이렇게 빈약한 벽으로 어떻게 도시의 안전을 유지할 수 있겠냐고 비웃었다. 동생의 비웃음에 분노한 형은 단칼에 레무스를 죽이고는 '나의 성벽을 뛰어넘는 자는 누구나 이렇게 되리라'고 외쳤다. 하지만 레무스의 장례식 때 로물루스는 눈물을 흘리며 자신의 행동을 후회하였다. 형은 레무스를 아벤티누스 언덕에 묻었다.

로물루스는 새로운 도시 건설에 착수하였다. 주변 여러 지역에서 젊은 남자들이 새 도시에 모여들었다. 로마는 점차 시민들의 수가 늘어갔지만 아내를 가진 사람은 많지 않았다. 더구나 그들 대부분은 아직 훈련이 덜 되어서 다른 나라의 공격을 받을 위험이 컸다. 문제를 해결하기 위해 로물루스는 이웃나라 사비니 족의 여자들을 훔쳐올 계획을 세웠다.

그는 팔라티누스 언덕과 아벤티누스 언덕 사이의 골짜기에서 대대적인 콘수스 축제(농업축제)를 열고 인근 지역의 주민을 초대하였다. 그리고 부하들에게 신호가 떨어지면 젊은 여자들을 모조리 납치하고 남자들은 쫓아버리게 하였다. 이때 납치된 사비니 여인들은 수백 명에 이르렀다. 그 중 한명이 로물루스 아내가 된 헤르실리아였다. 그녀만 유부녀였고, 나머지는 모두 처녀였다고 한다. 훗날 헤르실리아는 로물루스와 결혼하여 딸 프리마와 아들 아올리우스를 두었다.

졸지에 딸들을 빼앗긴 사비니 인들은 타티우스 왕을 중심으로 군대를 조직하여 로마로 쳐들어왔다. 좁은 전쟁터에서 여러 번의 열띤 격전이 벌어졌다. 로물루스는 마지막 전투에서 머리에 돌을 맞아 쓰러지고 말았다. 이것을 본 로마군은 모두 팔라티누스 산으로 도망을 쳤다. 겨우 기운을 차린 로물루스가 도망치는 병사들에게 '걸음을 멈추고 싸우라'고 외쳤지만 병사들은 이미 사기를 잃은 상태였다. 로물루스는 하늘을 향해 두 손을 들고 유피테르에게 기도를 드렸다. 그리고 형세를 역전시켜 준다면 그 자리에 신전을 지어 바치겠다고 약속했다. 이 기도가 끝나자 군사들은 곧 태도를 바꾸어 달아나기를 멈추고 싸울 용기를 되찾았다. 그들은 방패를 나란히 하고 사비니 족을 향해 달려들어 팔라스가 있는 곳까지 격퇴시켰다. 그런데 양편 군대가 또다시 결전을 준비하고 있을 때, 이상한 일이 벌어졌다. 전에 납치되어 온 사비니 족의 딸들이 갑자기 비명을 지르며 나타나 시체 사이에서 남편과 아버지를 찾는 것이었다.

「사비니 여인들의 중재」(1799) - 자크 루이 다비드(프랑스)

여자들은 아기를 안거나 머리를 풀어헤친 채, 애처로운 소리로 사비니 군과 로마 군을 불렀다. 이 모습을 본 양쪽 군사들은 눈물을 흘리면서 여자들의 말에 귀를 기울였다.

"우리가 무슨 잘못을 저질렀다고 이런 슬픔을 주십니까? 예전에는 강제로 납치를 당하는 수모를 겪었고, 그 뒤로 부모 형제 아무도 도와주지 않아서 지금은 원수인 적들과 인연을 맺고 살고 있습니다. 그래서 전에는 미워하던 적도 이제는 싸운다고 하면 겁이 나고, 죽게 되면 슬퍼 울게 되었습니다. 지금 당신들이 로마로 쳐들어 온 것은 우리를 구하기 위해서가 아닙니다. 당신들은 지금 우리의 남편과 아기들을 죽이려는 겁니다. 우리들 불쌍한 여자를 돕는다며 이런 짓을 하는 것은, 차라리 모르는 체하는 것보다도 더 나쁜 일입니다. 이곳 사람들로부터 우리는 사랑을 받고 있습니다. 이제는 당신들로부터 동정을 받을 필요가 없게 된 거예요. 우리들은 이제 한 집안이 되었으니 제발 싸움을 그쳐 주세요. 또 이 전쟁이 우리를 위한 것이라면 우리를 사위나 아기들과 함께 데리고 가서, 가족과 친척들을 만나게 해주세요. 아, 내 남편과 내 자식을 빼앗지 마세요. 다시 우리를 납치해 가는 짓은 제발 그만두세요."

헤르실리아는 이렇게 호소했다. 다른 여자들도 제각기 소리쳐 애원했다. 양쪽 군대는 싸움을 멈추고 장군들 끼리 만나 의논을 했다. 양쪽의 휴전 협정이 성사되었다.

그후 로물루스와 타티우스 왕은 두 민족을 하나로 합치고 로마를 수도로 하는 연방 국가를 수립하여 공동의 통치자가 되었다. 타티우스 왕이 죽은 뒤 로물루스는 로마의 유일한 통치자가 되었다.

로물루스가 세상을 떠난 것은 그의 나이 54세 때요, 왕위에 오른 지 38년 째 되던 해의 일이었다고 전해진다. 그의 통치는 기이한 방식으로 끝이 났다. 그가 마르스 평원에서 군대를 사열하고 있을 때 갑자기 일식과 함께 무시무시한 폭풍우가 쏟아졌는데 날이 개이고 보니 왕이 사라지고 없었던 것이다. 사람들은 로물루스가 신이 되었다고 믿었다.

색인

ㅈ

ㅋ